脱優等生のススメ

冨田 勝
Masaru Tomita

ハヤカワ新書 007

はじめに

「教科書を勉強して試験で良い点をとる」
「過去のデータを分析してビジネスプランを立案する」
「万人が高く評価する優秀な文章を生成する」

これらが得意な人のことを「優等生」といいます。優等生になると学校でも社会でも〝エリート〟として一目置かれるので、多くの生徒は優等生を目指して勉強しています。
しかし二〇二三年一月に対話型ＡＩ（人工知能）の「ＣｈａｔＧＰＴ」がＭＢＡ（経営大学院）の筆記試験で合格点を獲得したことがニュースになると、「教科書を勉強してテストで点数を競う」今の教育システムは本当に人間がやるべきことなのか、という本質的な問いが浮かび上がってきました。なぜなら、答えのある問題を解いたり、過去のデータからありそうな未来を予測したり、評価が最高になるような文章を創作することは、ＡＩが最も得意とすることだからです。

あなたは学校の勉強や試験が好きなタイプですか？

学校の勉強が好きだとすれば、それはあなたにとって大切な長所ですので、頑張って学年一番の「優等生」を目指すのもよいでしょう。

一方、もしあなたが勉強嫌いで、「優等生」には向かないタイプだとしたら、まったく別の道があります。それは「脱優等生」を目指すことです。そのことがもしかしたらあなたの人生を輝かせるかもしれません。


「優等生」は、先生に言われたことをそつなくこなし、全科目のテストで良い点数をかせぐので成績優秀です。一方、「脱優等生」とは、常識にとらわれず、好きなことに全集中するので、成績優秀とは限りません。

学校の成績は、生徒に序列をつけるときの指標として使われてきました。そして、成績優秀者はもてはやされ、成績が振るわない生徒は肩身の狭い思いをします。だからみんな点数をかせぐためにテスト前に勉強します。

成績が優秀であることは悪いことではありませんが、点数をかせぐこと自体が目的になっていると、物事の本質が見えなくなります。そもそも何のために学校で国語数学理科社会を勉強しているのか、という問いには「試験で点数をかせぐため」。ではなぜ点数をかせぐのか、という問いには「難関大学に入学するため」。ではなぜその大学が第一志望なのか、という問いには「難関だから」。そんなふうになっていませんか?

自分のやりたいことは何だろう。「自分らしい人生」とは何だろう。こう自らに問いかけてみることがとても大切です。これは子どもたちに限らず、どんなライフステージにいる人にも当てはまると思います。

新しいものを生み出す「イノベーター」の多くは脱優等生です。

Hｏｎｄａ創始者の本田宗一郎やパナソニック創始者の松下幸之助は次の言葉を残しています。

「嫌いなことをムリしてやったって仕方がないだろう。私は不得手なことは一切やらず、得意なことだけをやるようにしている」（本田宗一郎）

「どうしてみんなあんなに、他人と同じことをやりたがるのだろう。自分は自分である。何億の人間がいても自分は自分である。そこに自分の自信があり、誇りがある。そしてこんな人こそが、社会の繁栄のために本当に必要なのである」（松下幸之助）

ノーベル賞を受賞した日本人の多くも脱優等生でした。大学で単位を落として留年した人や、大学入試に失敗して浪人を経験した人も複数います。物理学賞を受賞した小林誠さんと益川敏英さんはともに勉強嫌いだったことで有名で、「若いころは好きなことをやって遊び呆けていた」と自ら公言しています。

発明家トーマス・エジソンは学校を退学になっていますし、アップル創始者のスティーブ・ジョブズも大学を中退しています。あのアインシュタインもチューリッヒ工科大学の入試に失敗しています。そう考えてみると、「優等生」は必ずしも経営者や研究者には向いていないのかもしれません。

あなたはどうでしょうか。

自分のことはよくわからない、というのであれば、まずは好きなこと・得意なことを徹底的にやってみることをお勧めします。中途半端はだめです。どんなマニアックなことでもいいから、周りから「へえ、すごいね!」と言われるまで徹底的にやってみる。今の日本に必要な人材はそういう「イノベーター」であり、近年の日本経済の低迷はイノベーター不足に起因していると言われています。

あなた自身、あるいはあなたのお子さんは、もしかしたらイノベーターとして日本の救世主になれるかもしれません。もちろん、なれないかもしれませんが、イノベーターに向いているか、向いていないか、やってみないとわかりません。最初から「なれっこない」と決めつけてあきらめるのはあまりに早計で残念なことです。

　私自身、中学一年のときにポーカー、大学時代はインベーダーゲームにすっかりハマり、想像を絶する時間を費やしたことが、科学者人生の原点となりました。あの時もし試験勉強に追われて疲弊する日々を送っていたら、今の自分はなかったと断言できますし、考えただけでぞっとします。

　本書は、一度しかないあなたの人生をどう使うか、じっくり考えてもらうためのものです。最終的な結論はあなたが決めることですが、どのような結論になっても、このことをじっくり考えることがとても重要で、きっとあなたの人生観に大きな影響を与えることになると思います。

目次

第2章 「好き」を徹底的に追求する

第3章　「挑戦」の作法

執筆協力：江頭紀子

第1章
脱優等生のススメ
――「優等生＝エリート」という考えは、もはや時代遅れ

いまの子どもたちの親世代、祖父母世代は、ねじり鉢巻きで勉強して成績優秀な「優等生」になることが、エリート人生への第一歩でした。しかしその価値観は時代とともに通用しなくなってきました。大企業のエリートサラリーマンに求められるものも激変しつつあります。本章ではこれからの時代を生きる世代は何を目指すべきなのか、私の考えを述べます。

1　昭和の教育をいつまでやっているのか

昭和のエリート人生

次のような人生を想像してみてください。

先生の言う通りにみんなと同じ教科書の勉強をし、点数をかせいで「難関校」に入学し、その学歴を生かして「一流企業」に就職し、上司の言う通りに仕事をして、年功序列で出世し、給料は右肩上がりで、定年後は退職金と年金で悠々自適に暮らす……。

「こんな人生を送りたい」と思うか、「つまらなさそうでイヤだ」と思うか、感じ方は人それぞれかもしれませんが、「昭和のエリート人生」とは、おおむねこのようなものでした。

昭和の時代は、企業に就職せずベンチャーを起業する若者は「向こう見ず」「落ちこぼれ」などと冷ややかに見られ、成功すればまだしも失敗しようものなら「ほら見たことか」とバカにされ、「好きなことで食べていけるほど、世の中甘くない」「額に汗して地道に努力しろ」と言われました。学校では教科の成績で序列がつけられるため、好きなことにとことん熱中したり、人と違うことをする生徒は「変わり者」とされ、「優等生」とは対極の日陰の存在とされました（もちろん全国大会出場などの卓越した結果を残せば話は別ですが）。「みんなと同じようにまじめに頑張って勉強しろ」という教えは、昭和の時代においては正しかったかもしれません。戦後の高度経済成長期は、人口もGDPも右肩上がり。みんなと同じことをやっていれば、みんなが儲かった時代でした。だから、終身雇用の大企業で安定したエリート人生を送ることは、個人にとって最善な選択とも言えたし、日本国にとっても、結果として高度経済成長で大成功した原動力となったとも言えます。「欧米先進国に追いつけ追い越せ」と頑張ってきたおかげで、戦後の焼け野原から経済大国世界二位にまでになった日本。当時の日本のサラリーマンは世界一だと自他ともに思っていました。

しかし平成に入って日本の状況は一変します。人口は減少に転じ経済成長も頭打ち。欧米先進国を追いかける立場だった日本が、新興国から追われる立場に逆転します。令和においてもますますこの流れが進んでいますし、終身雇用や年功序列といった仕組みは現に崩壊しつつあります。

にもかかわらず、日本人のマインドは昭和のままで、相変わらず生徒はみんなと同じ教科書を勉強してテストの点を競う。高校は難関大学に何人合格させたかを競う。就職活動では大手企業に内定をもらうことを競う。そして国は既存の企業を守る。そのことが新しい挑戦を阻み、日本の経済成長をますます停滞させてきました。

得意を伸ばすことを犠牲にしている

昭和のエリート観では、「優秀な」生徒と「優秀でない」生徒は成績で判断されました。だから試験で良い点数をとることはとても重要だと思われていたのです。各教科の試験で良い点をとると「成績優秀者」「優等生」として大人に褒められます。成績（評定値）は通常、全科目の平均で表されますので、優等生になるためには、得意不得意、好き嫌いに関係なく全科目で、与えられた教科書をきちんと勉強して、テスト前には十分に準備をする必要があります。

勉強好きの生徒が朝から晩まで勉強することは悪いことだと思いませんし、好きなのであれば、熱中することはとても良いことだと思います。しかし好き嫌いにかかわらずみんなが全体主義的に同じ勉強を強いられ、得意を伸ばすことを犠牲にしているとしたら、それは本人にも不幸なことですし、国力を落とします。

ちなみに私は学校の勉強が嫌いでした。たまにおもしろい先生やおもしろい授業もありましたが、総じておもしろくなく、ただただ試験で点数をかせぐためだけに勉強をしていました。普段はほとんど勉強せず、期末試験直前になって出題されそうなところに山を張って一夜漬けで勉強していました。試験のためだけに勉強したことは、試験が終わるとほとんど全部忘れてしまいます。そんなことを繰り返していたので、私の通信簿は中学一年生ぐらいまでは良かったのですが、学年が上がるにつれて平凡になっていき、高校三年の時は及第点すれすれぐらいでした。

そんな私にとって救いだったのは、まわりの同級生もほぼそんな感じだったことです。授業が休みになったり、試験が延期になったときは、みんなで大喜びしました。そして大人になってから学生時代を振り返ってみると、授業で学んだことはすでにほとんどすべて忘れてしまっています。覚えているのは、自分が興味を持って取り組んだいくつかの授業と、話がおもしろい名物先生の授業だけです。卒業後、年月が流れ、同級生が同窓会に集まると、いい歳をした大人が口をそろえて「高校時代の試験勉強はほとんど身についていない」と言い、「あのとき眠いのを我慢した一夜漬けは何だったんだろう」と青春時代を振り返ります。

点数をとること自体が目的化している

私が今の日本の教育システムで大きな問題だと指摘したいのは、試験で良い点数をとることと自体が目的化してしまっていることです。勉強するのが楽しい、という好きな科目も一つ二つあるかもしれませんが、多くの科目においては、テストで点数をとるために嫌々勉強を強いられている子がほとんどではないでしょうか。

興味を持たずに勉強したことは決して身につかず、試験が終わるとみな忘れてしまいます。このことは日本人の多くはわかっていると思います。

私は嫌いなことを我慢してやって疲弊するよりも、好きなことを徹底的にやって、それを伸ばすことのほうが、その子の人生がよりよいものになる、その子らしい人生を送ることにつながると思います。「勉強は嫌いだけど、昆虫は好き」「勉強は嫌いだけど、三度の飯よりサッカーが好き」というように、「勉強は嫌いだけど、〇〇は好き」という子はたくさんいるでしょう。どんなマニアックなことでも、周りの大人から「へえ、すごいね！」と言われるとそれが自分のアイデンティティーになり、自己肯定感につながります。このことは第2章で詳しく述べます。

2　一般入試は「点数」を評価、ＡＯ入試は「人物」を評価する

何のための大学？

いまの日本で、好きなことに没頭するにはそれなりの勇気がいります。好きなことを我慢して、全教科をまんべんなく勉強して良い成績をとる人がほめられるからです。

それが端的に表れているのが大学受験です。大学全入時代と言われている今日、多くの高校生が大学を目指しますが、「何のために大学へ行くのか」という素朴な疑問に明快に答えられる人は、はたしてどれくらいいるでしょうか。もちろん「勉強するため」であることはみんな知っていますが、一方で、先ほどの高校での勉強と同じように、「大学で勉強したことは、卒業後ほとんど役に立っていない」と多くの大人が苦笑します。

ではいったい何のための大学なのか。それをじっくり考える暇もなく、「難関大学」に合格すること自体がゴールとなってしまっていて、親や教師は少しでも偏差値の高い「上」の学校を目指して勉強を頑張れと言います。生徒は単に点数をかせぐために勉強していて、国語算数理科社会を勉強することの本質を見失っている。それが多くの高校生が直面している

現状ではないでしょうか。

試験で良い点数をとった生徒は、いわゆる「難関校」に合格して「優秀」だと褒められます。その試験というのは、たいていはマークシートでコンピュータが採点します。スポーツや芸術や自由研究など課外活動を頑張って得た実績は点数にカウントされません。文部科学大臣賞を受賞したり、甲子園に出場した実績のある生徒が入学試験で七〇点だったとして、朝から晩まで勉強しかしていない生徒が七一点だったとすると、七一点の生徒が勝つ仕組みなのです。だから進学校では高二の終わりごろから、得意なこと・好きなことは封印してみんな朝から晩まで頑張って受験勉強しよう、という風潮になってしまいます。

AO入試を通じて「自分の人生」と向き合う

そうした状況を憂いて、慶應義塾大学では総合政策学部、環境情報学部の二学部を擁する湘南藤沢キャンパス（SFC）の開設と同時に、日本で初めて「AO入試」（アドミッションオフィス、自己推薦入試）を導入しました。一九九〇年のことです。当時、総合政策学部の初代学部長・加藤寛さんは「いまのような（一発テストの）入試をやっている限り、日本人はみんなばかになる」と言い切っていました。そこでSFCでは開設と同時に、日本では他のどこの大学でもやっていなかった入試制度を取り入れたのでした。

ＡＯ入試はいまでいう「総合型選抜」のことで、学業成績だけではなく、課外活動や将来計画や熱意などを総合的に評価するものです。高校生活で頑張ったことや、大学に入ってからやりたいこと、大学卒業後のキャリアプランなどを自分なりにまとめて、書いてもらったり話してもらったりしています。

もちろん、学業成績はどうでもいい、ということではなく、高校時代の成績も合否判定における重要要素のひとつです。高校時代の成績が良くない人はその理由を問われます。あくまでも人間を総合的に評価する入試であるというわけです。一発のペーパーテストだけで選考する、というやり方は、人に対するまともな評価方法だと私は思いません。ＡＯ入試が本来あるべき選抜方式だと思います。欧米の大学では基本的にどこもＡＯ入試です。生徒の個性的な活動とその成果をきちんと個別に評価してこそ、自分の個性を伸ばそうとする生徒が増えるはずです。

最近ではＡＯ対策の塾や予備校がたくさんできましたが、従来の予備校のように、問題の解き方を一律に教えるような指導はＡＯには通用しません。ＡＯ入試対策としては「自分は何が好きなのか」「何が得意なのか」「将来何をやりたいのか」から考え始めなければなりません。「入学後に大学で何をしたいのか」、さらに「卒業後に何をしたいか」も聞かれます。

つまり「自分はどういう人生を歩みたいのか」「自分らしい人生とは何か」が問われるわけで、高校生にして「自分の人生」をしっかり考える貴重な機会になるのです。AO入試を通じて自らの人生としっかり向き合うのは、すごく良いことだと思います。

高校時代に自分を見つめ直し、自分の得意なことを磨き、それをもって自分を大学に売り込む。そんな勇気と志を持った高校生をもっと増やし、応援する必要があると思います。

一九九〇年以来、多くの大学が次々とAO入試を導入してきました。二〇二二年度では、AO入試を実施する国公私立大学の割合は全体の八三・七%にのぼっています。二〇二二年八月一五日の日本経済新聞の一面トップに「偏差値時代　終幕の足音」という記事が掲載されました。大学受験において、「推薦・総合型選抜」(学校推薦型選抜〔推薦入試〕と総合型選抜〔旧AO入試〕)による入学者の数が「一般選抜」を抜いて、ついに過半数を超えたという内容です。大学進学を目指す高校生にとっては、総合型か一般選抜か、均等な二者択一になったということです。第一志望から第四志望まで、すべて総合型で受験する、という選択肢もアリになってきました。

AO入試による大学入学者の数は増加の一途をたどり、数十年たてば彼らが校長や教頭、教育行政官など教育を指導する立場になります。日本の教育が変わらない理由のひとつは、教育関係者（学校の先生、教育委員会、教育行政官など）のほとんどが「優等生」で構成されているからだと思います。ご自身にＡＯの受験経験がある先生は、生徒にもＡＯを薦めるはずです。年月とともにそうした先生が増えれば、これまでの「一発試験で高い点数を取る」ことが絶対善とされた教育は時代遅れとなり、過去のものとなっていくに違いありません。

3 「問題発見」する力の大切さ

「なんで図鑑を見ればわかることを覚える必要があるんだろう」

現在私は、バイオテクノロジー、すなわち生物を専門とする科学者ですが、じつは子どものころから二〇代までは生物が嫌いでした。「生物は暗記科目だ」と思っていたからです。

そう思うようになったのは、小学生のとき、理科のテストに「アブラナのめしべは何本でしょう？」という問題が出されたことがきっかけです。そのとき、「なんでそんな図鑑を見ればわかることを覚える必要があるんだろう」と、子どもながらに疑問に感じました。

以来、中学高校の生物の教科書に、生物や細胞のしくみや働きが書いてあるのを見るたびに「アブラナのめしべ」の延長に思え、生物学をおもしろいと感じたことがなかったのです。

もちろん「暗記をするのが好き」という人もいるでしょうから、そういうタイプの人はそれでいいと思います。暗記力に優れていることは長所のひとつですので、それを生かして自分らしい道を歩む選択肢もあります。また、小学生のうちは、教科書に載っている基本的なことについては、ある程度暗記することは必要です。「読み書き計算」などの基礎的な勉強をすることも、生きていく上では欠かせません。

しかし、高校生になっても「教科書を覚えた人が勝つ競争」をやることの意味はどれだけあるのでしょうか。私に言わせれば、それは「点数をかせぐためだけの勉強」であり、生物学の本来のおもしろさがまったく生徒に伝わりません。期末テストや大学受験のために、「興味のない教科書を覚える」ということをしなくてはならないのは、多くの生徒にとって苦痛以外のなにものでもありません。

好きなことや興味のあることを、自由研究や自由課題、自由プロジェクトというかたちで、どんどんやってみるほうがおもしろいに決まっています。高校生にもなれば、それができると思いますし、若い時期にそうすることはとても大事な経験になります。

教科書には全部正解が書いてありますが、自由研究には明確な答えがありません。先生も答えを知りません。だからこそやってみることがおもしろいのです。もとより世の中には正解がきちんと決まっているものなんて滅多になくて、やってみなくてはわからないことのほうがずっと多い。どうやって研究を進めたらいいのか作戦を立てるのも、自分で考えなくてはなりません。そもそも何が問題なのか、問題や課題を発見して定義することから自分でやる必要があります。

社会においてはこうしたことがすごく重要で、日本に足りない人材はそういうことができる人です。

興味のあること、知りたいことがあって、それをもっと学びたいという意欲があるならば、周囲に振り回されずに学び通してほしい。私はずっとそう思ってきました。しかし偏差値重視の教育システムでは、そうすることがとても難しい。慶應義塾大学が導入したＡＯ入試は、そこに一石を投じたものだといえます。

「生物嫌い」が生命科学を学ぶようになったわけ

さて、先ほどの「生物嫌い」の話ですが、そんな私がなぜ生命科学を学ぶようになったかをお話ししましょう。私は日本の大学を卒業後、アメリカに留学して、ＡＩ（人工知能）の研究をしていました。人間の知能・知性をコンピュータ上に実現し、「鉄腕アトム」のような人間型ロボットを造りたい、という壮大な夢を持って留学したのですが、そのＡＩの究極目標には程遠く、ＡＩ研究者たちはより現実的な実用化を目指して、自動翻訳とか音声認識とか顔認証とか自動運転とかＡＩチェスとか、個別技術の研究開発を行っていたのでした。

私自身も自動翻訳の分野で博士号を取得し、それなりにＡＩ研究者としてやっていたのですが、こうした個別技術を合体させても、決して鉄腕アトムのような人間型ロボットにならないということはわかっていました。人間の知能を持ったロボット、というＡＩ研究の究極目標は、コンピュータが登場した一九五〇年代からほとんど進捗がありません。

しかしよく考えてみると生物はすごい。あなたも私も、すべての人間は最初はひとつの細胞だったものが分裂を繰り返してでき上がります。たったひとつの受精卵が分裂を開始し、最初は倍々に増えていきますが、ある時から手ができ頭ができ心臓ができ、神経細胞の集まりである脳ができ、人間になります。AI研究者が一〇〇年かかってもたぶんできないだろうと思われている知的システムが半自動的にでき上がるのです。そしてやがて顔認証や音声認識をこなし、三年ぐらいで言葉をしゃべるようになります。

この神がかったような生物のシステムは何なんだ？　その設計図はどうなっているのか？　DNAに書き込まれているというが、いったいどういう仕組みになっているんだ？

AI研究を一〇年近く本気でやっていたからこそ、生物のすごさと不思議さにとりつかれ、本気で知りたいと思うようになりました。そしてそのとき三二歳だった私は、人生で初めて真剣に生物学を勉強しようと思ったのでした。

まずは当時私がいたアメリカの大学で生物学部の大学一年生向け「現代生物学入門(Introduction to Modern Biology)」を受講させてもらいました。その授業で担当の先生が「生物学は暗記科目」という私の考えを打ち破ってくれたのです。

その先生は最初の授業で「生物学者のタイプには二種類ある」と言いました。ひとつめのタイプは、「生物とは複雑で多様で例外だらけだ」と考える学者。もうひとつのタイプは「生物は複雑で多様で例外だらけ、のように見えるけれども、基本的なところはみんな一緒だ」と考えるタイプです。そしてその先生は「自分は後者だ」と言うのです。「ヒトもクラゲも大腸菌もこれだけ形も違うのに、遺伝情報は同じ言語で書かれていて、生物の基本はみんな同じだ」と。

私はこの話にしびれました。「なるほど、生物は暗記科目ではなく、奥深くてロマンのある学問だ」と気づかされたのです。そうしてあらためて教科書を勉強していくと、生命システムというのは本当にうまくできていて、生命科学は謎だらけでおもしろい、と実感するようになって、のめり込んでいきました。

「教科書の勉強」とのバランス

「教科書の勉強」と「自分の興味のための勉強」のバランスは、年齢とともに変化するべきだと思います。小学校では七対三ぐらいで「教科書の勉強」を重視するのが良いでしょう。小学生ぐらいまでは、仮に興味がなくても勉強しなければならないことがたくさんあるからです。「九九」や割り算ができなければ生活に困るだろうし、漢字が読めなければ日本人として困る。アメリカやフランスの首都を知らなければ、国際人として恥ずかしい。

これらを学ぶことは、勉強というより「しつけ」だと私は思います。仮に嫌いだとしても歯を食いしばってでもこれらを身につけてもらう必要があります。なぜなら生きていく上で必要だからです。

それ以降は徐々に、「自分の興味のための勉強」を重視していくことが真の成長につながると思います。したがって、高校ではもっともっと自由研究や選択科目に力点を置くべきです。義務教育ではないのだから、全生徒がほぼほぼ同じ勉強をしていることはおかしいと思います。

自分ならではの問題意識をもって精力的に活動を行っている生徒は、とても頼もしいですよね。まさにこれからの日本社会を支える人材になる可能性があります。そんな生徒たちに、入学試験が近づくにつれて周りの大人たちが「好きなことよりも苦手科目を克服しなさい」と指導する。このことは将来、光輝くかもしれない生徒を、みんなで足を引っ張って凡人にしてしまっている可能性があります。「大学入試という現実がある以上、しかたがない」とされてきましたが、これは是正すべきことです。

4　日本には「ストライカー」が足りない

コスト競争を生き残るために

戦後の教育システムのもうひとつの弊害は、人と違うことや新しいことにチャレンジする意欲が奪われていることです。高度成長期においての日本の教育は、優等生的な人材を大量に輩出して大成功しました。しかし現在は、そうした時代とまったく状況が違います。人口増加の高度成長期では、毎日まじめに同じ商売をしているだけで売り上げは増加しますが、人口減少の現在では、毎日同じ商売をしているだけでは売り上げは下がります。お客さんの数が減っていくのですから避けられないことなのです。

地方の市町村も同じです。いままでと同じことをやっているだけでは、人口減少に伴って必ず先細りしていきます。地方の衰退を避けるためには、これまでとは違う新しいこと、独自のことを始めなければいけません。

加えて、日本の一〇倍以上の人口を抱える中国とインドをはじめ、いわゆる「発展途上国」と言われた新興国の多くも、日本と同じ水準の教育を受けるようになってきています。

平均的な日本人なら誰でもできるような仕事は、そうした国々の人たちもできるようになるでしょう。

そうなったとき日本はどうすればよいのか。彼らと同じことをやっていては、コスト競争に巻き込まれて、確実に疲弊してしまいます。「ものすごく良いもの」「ものすごく良いサービス」「ものすごく良い技術」を生み出して、それを世界中で「高く」買ってもらうことが、日本の生き残りのために重要なカギになるでしょう。

勝負をしなければ確実に負ける

ものすごく良いものを生み出す第一歩は、人と違うことをすることです。人がやらないことや前例のないことは、失敗するかもしれないので「勝負」することになります。勝負は勝つこともあるし負けることもある。でも勝負をしなければ確実に負ける。そして積極的に新しい勝負をしかける「イノベーター」が圧倒的に不足しているため、平成に入ってからずっとジリジリ負けている。それがいまの日本の現状だと思います。

もちろん、日本人全員がイノベーターである必要はありません。言われたことをきちんとこなし、まじめに努力する「堅実な人材」もとても重要です。私は誰もが「脱優等生」を目指すべきだと言っているわけではありません。みんながみんなイノベーターだとすると、カオス状態となりおそらく何も物事が進まなくなってしまうでしょう。どんな組織でも八割ぐらい堅実な人材がいて基盤となり、一〜二割のイノベーターがどんどん勝負を仕掛ける。そのバランスが大切だと思います。サッカーでいえば、フォワードとディフェンダーのバランスで、言うまでもなくどちらのポジションもとても重要です。いまの日本社会は堅守のディフェンダーは多くいますが、どんどん勝負を仕掛けて点をとりに行くフォワードのストライカーが足りないのです。

自分はどのポジションに向いているのか、じっくり考えてみてください。いろいろなタイプの人がいるから社会が成り立っているのです。「自分はどうしたいか」「何がしたいか」「何が得意か」を深く考える。人生の選択肢はいろいろあるのですから、後悔しないためには、そうしたことを自分の頭でよく考えることが大切です。

本人が挑戦したい方を選ぶのが最適戦略

一方、実際の高校生からはこんな声が聞こえてきそうです。

「小さい頃から大人に『こうしなさい』などと言われたことを守ってきたのに、いまさら『好きなことを』と言われても、自分が何を好きなのかよくわからない」

「学校の先生からは、『次のテストで出るから、この範囲を覚えておくように』と勉強させられているし、『自由に何かしろ』と言われても何をしていいのか……」

「学校ではみんなで同じことをやってきたのに、いまになって『人と違うことを』と言われたって、できない」


たしかに、こんなふうにため息をつかれても不思議ではありません。

そもそも高校生に「いままで大人の言う通りにやってきたのに」と認識されてしまうこと自体が大人にとって問題です。親や教師はそんなつもりはなかったとしても、子どもから見ればそう思うのでしょう。「昭和の価値観」の中で育った親と祖父母の世代は、「昭和のエリート人生」がいまの社会でも「良い人生」だと考えてしまいがちです。そしてそれを子どもたちに体現させてあげたい、という親心が根底にあります。ＡＯ入試は昭和時代にはなかったため、よくわからないので子どもたちには薦められない、という気持ちもわかります。

しかし、いまの子どもたちは「Ｚ世代」あるいは「α世代」と呼ばれ、昭和時代とはまったく違う時代で育ち、生きていく世代です。親世代の意見を参考にしつつも、自分で決断することも必要になります。

メジャーになりつつあるＡＯ入試か、それとも従来通りの一発入試か、どちらを選ぶべきか。これは難しい問題ですが、結局は本人が挑戦したい方を選ぶのが最適戦略です。自分の気持ちに素直に向きあい、悩んで考えてみてください。「自分は○○に挑戦したかったけど、周りの大人がやめろというからやめた」というのはとても残念で、死ぬまで後悔するかもしれません。

「二者択一ではなく両方受ける」という人もいるでしょう。つまり一般選抜の準備をしながら、AOも受ける、ということですが、それ自体はもちろん悪いことではありません。しかしその場合に最も避けなければならないことは、両方とも中途半端になってしまうことです。どちらに主軸を置くかをまず明確に決心し、そちらに関しては全力をつくして後悔しないようにしてください。

本書を読んだ時点ではもう遅くていまさら軌道修正ができない、と本人が思うのなら、いまのまま進むという現実的な決断をすればよいと思います。理想を目指す時でも現実的な判断をしなければなりません。理想は現実の先にあるわけですからね（誰にでも「あのときこうすればよかった」という後悔は、何かしらあると思います。過去のことはもうどうにもならないことですが、きちんと問題意識として持ち続けて、それを次の世代にちゃんと伝え、同じ後悔をさせないようにする。社会はそうやって進歩していくのだと思います。そう考えれば、「あのときああしていれば」という個人の後悔も、問題意識として持ち続けることで、社会を変えていくための貢献のひとつになり得ます）。

5　優等生集団が引き起こす「大企業病」

なぜ画期的なアイデアが出ないのか

「うちの社員は優秀だけど、びっくりするようなアイデアが出てこない」

あるとき、日本を代表する大企業のトップが私にそうこぼしました。現在のビジネスは好調で高い利益を上げている会社なのですが、将来に大いなる危機感を抱いているようでした。一〇年後、いまの主力ビジネスすら、どうなるかわからない。なくなっているかもしれない、と。社会生活の急速な変化は予測不可能です。変化に備えるべく、社内で新たなビジネスを考えるプロジェクトを結成するなどいろいろな打開策を打ち出してみたものの、出てくるアイデアは現在のビジネスの延長ばかりで、ゼロベースで考えたユニークな企画や画期的なアイデアがなかなか出てこないというのです。

優秀な人材がたくさんいるはずなのに、なぜ、こうしたことが起こるのでしょうか。私は「大企業病」が要因なのではないかと思っています。

「大企業病」とは正式な定義があるわけではありませんが、縦割り組織で意思決定に時間がかかったり、社内で派閥が蔓延していたり、昔からのやり方が正しいと思い込んでいて現状を変えようとしなかったりする、保守的な企業体質をいいます。大企業は知名度もあるし、福利厚生も整い、労働条件もよく、就職先として人気があります。そのため、そこに入社する人の多くは学業成績が優れている「優等生」であるといえます。

本質的なことを見失っていないか

優等生は、言われたことはしっかりやり通し、その内容も完璧だったりして、周囲からの信頼も厚いです。しかし多くの優等生は、減点されることを好みません。失敗するのがイヤなので、新しいこと、人と違うことはせずに、現状の中でできることをやります。子どもの頃、親や先生の評価を気にするのと同じように、上司の評価を忖度しながら仕事をして、自分の出世と給与が主な関心事となり、そもそもこのビジネスは何のためにやっているのか、世の中や顧客を幸せにするためにはどうすればよいか、といった本質的な視点が見えなくなっていることがあります。そんな優等生ばかりの組織は、新しいことにチャレンジすることに躊躇したり、承認プロセスに時間がかかったりして、世の中の変化に追いついていけないでしょう。

中には意欲的に自分の意見を上司にぶつける気概のある社員もいるかもしれません。しかし残念なことに、大きな組織であればあるほど、何か革新的な提案をしたり新しいことをやろうとしたりすると、必ず反対したり足を引っ張る人たちがいて、正面から受け止めて応援してくれる風土がないように思えます。

「出る杭」として打たれてしまうと、やる気が出なくなるのは当然です。やがて誰も画期的な提案をしようとは思わなくなり、組織からはワクワクするような活気が失われてしまいます。

どんな組織も一人ひとりの集合体

では、そうならないためにはどうすればよいのでしょうか。「会社が大企業病から抜け出さなければ」「やはり社長が経営方針を変えなくては」と思う人が多いかもしれませんね。それも一理あるかもしれませんが、そうして組織のトップのせいばかりにしてはいけません。どんな組織も一人ひとりの集合体です。

ですから、まず社員一人ひとりが「自分がどうすればいいか」を考えることがとても大切です。言われたことをやるだけではなく、何をやるべきかを考え、さらにはそもそも何のためにやるのか、どんな課題があるのかを考える。それがイノベーターとしての第一歩です。

「優等生」ではない「イノベーター」、すなわち「脱優等生」の社員が増えれば企業風土は変わります。

6　自分のミッションを見つけることが最初のミッション

社会人の脱優等生育成

山形県鶴岡市にある慶應義塾大学先端生命科学研究所（先端研）では、二〇〇一年の開設当初から私は所長として、イノベーターが活躍できる環境を整備することに取り組んできました。「優等生」ではなく「脱優等生」を目指そうという前代未聞の試みです。

なぜ山形県に縁もゆかりもない私が研究所長をやることになったのか、その経緯については第2章で詳しく述べますが、ここでは鶴岡について少し紹介しておきましょう。鶴岡は東京・羽田空港から約一時間と、それほど遠くはありません。機上から一面緑の大地が見えてくると、「おいしい庄内空港」へ到着することを知らせる機内アナウンスが流れます。

鶴岡市は二〇一四年、日本で初めてユネスコ食文化創造都市に認定されたほど、「おいしく豊かな食文化」のある町です。また、月山、羽黒山などの雄大な山々、夕日が沈む絶景の日本海、マイナスイオンたっぷりの森林、海岸沿いや山あいにわき出る温泉など、とにかく自然が豊かです。

一方で人口は減り続け、次の時代を担う人材と魅力ある産業を育てる基盤づくりが必要でした。そこで、山形県と鶴岡市、慶應義塾大学の三者が連携してできたのが、バイオサイエンスの研究開発拠点「鶴岡サイエンスパーク」です。

先端研はその最初の施設として開設されました。初代所長として着任した私は「ここにしかない研究を」と研究環境を整え、最先端の解析技術を開発。その技術をもとにベンチャーを創業し、鶴岡市初の上場企業が誕生しました。

このように研究成果を積極的に特許化、事業化していき、今ではサイエンスパーク内には先端研発の六社のベンチャー企業のほか国立・民間研究機関が集積し、多彩な人々が集うようになりました。国内外からの視察者やサイエンスパークで働く人たちも増えたため、二〇一八年には敷地内にホテルや保育所などもオープンしました。もともとは水田しかなかった場所が、先端研を核に、国内屈指のサイエンスパークに発展しています。

欧米先進国の有力大学の多くは地方にあります。オックスフォード大学があるオックスフォードや、ケンブリッジ大学のあるケンブリッジという町は、とてものどかな田舎町です。シリコンバレーも、こう言ってはなんですが、何の変哲もない地方都市です。また私自身が鶴岡に長くかかわるようになってから、「クリエイティブなことは、都会ではなくむしろ地方でやるべきだ」と確信を持つようになりました。

実際、研究にはうってつけの環境であり、ワクワクするさまざまな技術や企業が誕生しています。

その中で私が注力する活動のひとつとして社会人の脱優等生育成があります。大企業の経営者はよく「社員から驚くようなアイデアが出ない」「イノベーターがいない」と言いますが、社員が一万人も二万人もいるのにイノベーターの気質を持つ社員がいないはずがありません。「人がやらないことをやってみたい」と考えている社員もたくさんいるはずです。しかし周囲がみな優等生なので、そういう思いは言い出せず、自分も優等生のフリをしているのだと思います。そこで企業と慶應先端研が「包括連携協定」を結び、社員を鶴岡に送り込んで自由に活動してもらう、という試みを行いました。三〇代の〝優等生〟社員を、大学院生として慶應先端研で受け入れることにしたのです。そして複数の大企業と次々と協定を結ぶことになりました。

成功体験を捨てる

一〇年後、二〇年後の未来社会に自分たちがどう貢献しているか、そのためには何をすればよいかを考え、鶴岡市をフィールドにして実際に試行錯誤してもらう。二〇年後の未来がどういう社会なのか、誰にもわからないし正解もありません。だから自分で考えて手探りで進むしかないのです。
現在ある大企業は過去のビジネスで成功したので大きく発展して大企業になった。この「成功体験」があるために、それ以外の新しいビジネスにチャレンジをすることへのハードルが高くなってしまっているのではないかと思います。だからこそ私は、鶴岡の慶應先端研で大企業の〝優秀な企業人〟を受け入れて、まずは会社の過去の成功を忘れてもらうことから始めます。

この世で一番むずかしいのは
新しい考えを受け入れることではなく、
古い考えを忘れることだ。
——ジョン・メイナード・ケインズ（経済学者）

受け入れてきた社員たちの多くは、営業職など、これまで研究とは何の関わりもなかった、いわゆる文系の人たちです。そんな人たちに、大学院ではゲノム解析などの最先端のバイオ実験実習を大学生とともに受講してもらうわけですが、私は彼らに何のミッションも与えていません。あえて与えているとすれば、「自分でミッションを考える」というミッションです。本業とはまったく違うフィールドにおいて、ミッションを与えられなかった社会人大学院生たちは、最初はおおいに戸惑ったことでしょう。

鶴岡に派遣されてきた企業人たちは、おそらくこれまでは、言われたことをしっかりやり抜く優等生として組織をリードしてきた人たちかもしれません。しかし、鶴岡ではそれはあまりポイントではなく、それよりも、柔らかい頭になってもらうこと、ゼロから自分で考え行動してもらうこと、バイオサイエンスをかじること、友だちをたくさんつくること。そんなことを大事にして過ごしてもらいたいと思って迎え入れています。

そうすることで、「二〇年後のわが社が人間社会にどう貢献できるか」、長期的で広大な視野を持った人材になり、将来本社に戻ってから、革新的なアイデアと実行力で本格的なイノベーションを巻き起こす一員になることを期待しています。

7　教育の本質は、放任して見守ること

もしできなかったとしても

子どもが何かに熱中しているとき、特に小さい頃は、それは大人から見ると、どうしようもなくくだらないことだったりします。アリの巣をずっと見続けているとか、石をタイルに沿って並べているとか。

すると、大人はすぐ口を出します。「そんなこと、もうやめにして」とやめさせようとしたり、あるいは「これはこうやると、おもしろいよ」と、余計な情報を入れたり。

よかれと思ってそうするのでしょうが、それはやめたほうがいいと思います。

そうした余計なお世話は、「そんなつまんないことやめなさいよ」と言っているようなものです。言っている本人はそうした自覚はないのでしょうが、子どもが進もうとする道を阻んでいることに他なりません。

親が道筋をつけて、「こうしてああやって」と誘導して、その通りになったとすれば、親は満足かもしれませんが、それは実は、子どもにとって学ぶものは少ないのです。道筋をつ

けてあげるよりも大事なのは、自分で道を歩こうとしているその邪魔をしないこと。それに尽きると思います。

ただ、自由に歩かせた結果、川に沈没してしまっては困るので、沈没しないよう遠くで見守る。これが、大人が子どもにできる最大のことだと思うのです。

このことは、親だけでなく、教育者の鉄則だと思います。私は大学教員として学生を指導する立場ですが、「あれをこうやって」と手取り足取り指導するようなことはほとんどしていません。そうやって指導すれば、効率よく研究成果が出るかもしれませんが、その学生は「冨田流」の枠の中で成長することになってしまいます。冨田流でなくていいんです。むしろ、そうなってほしくはありません。

実際に世の中で大活躍している研究者を見ると、学生時代に指導教官から手取り足取り指導された人は少ないように感じます。いわば「放任」されてきたわけですが、新しいことに取り組んでいる人にはそうした「自分流」の人たちが多いと思います。

一方、指導教員から丁寧に指導された人は、その教員の弟子のようになり、その教員流になっています。どちらが良い悪いということではありませんが、自分流として育たないと大きなイノベーションは起きにくいでしょう。

教員であれば、学生が自分流を引き継いでくれたり踏襲したりしてくれるのは、うれしいものです。けれども、繰り返しになりますが私は学生が冨田流になることは望んでいません。そうではなく、私自身が「この人には勝てないな」と思える人材を何人輩出するか。それが教育の醍醐味だと思っています。

本書の第3章に登場するSpiber（スパイバー）社代表の関山和秀くんから、人工クモ糸合成の研究開発をしたい、と相談されたときもそうでした。クモ糸は軽くて強くて伸縮性があってエコなので、「夢の繊維」と言われ、NASA（米航空宇宙局）やアメリカ陸軍も大金をかけて開発していましたが成功していませんでした。それを大学生がゼロから開発する、と言ったわけですから、多くの専門家は「無理だからやめたほうがいいよ」とアドバイスすると思います。しかし私は、彼の行く道の邪魔をしないようにしました。本人ができると思っているのなら、気のすむまでやってみたらいい。そしてもしできなかったとしても、その過程で多くのことを学び、科学的な新発見もあるかもしれない。だから私は「じゃあやってみれば」と彼の研究を見守ることにしたのです。

「二〇年後の執行役員はあなたです」

ほとんどの会社では、上司が社員にミッションを与え、社員はそれに従って仕事をします。たとえば営業職なら、営業目標の数字が下りてきて、それに応えるよう努力するのが普通です。しかし、鶴岡にはそれがないわけです。何をしたいか、何を成し遂げたいか、自問自答を繰り返し、いろいろやってみて試行錯誤するしかありません。

こうして大手企業七社から合計十数人の社会人が鶴岡で「放牧」されてきました（二〇二三年一月時点）。給料を払いつつ大学院にも通わせながら、その上「放牧」させるなんて、よほど勇気と体力のある企業しかできないかもしれませんね。そして「（放牧して）育てても辞めてしまうのでは」と、会社側が心配になるのもわかります。だから私は各社に「将来の幹部候補を送り込んでください」と伝えています。

彼らはみな三〇代半ばくらい。入社後一〇年ほど経っていて、社内の仕組みなどは良くも悪くもわかっている頃です。そして、一五年後か二〇年後に執行役員になっている可能性が高い人たちです。

「二〇年後の執行役員はあなたです」

そんな期待を込めて送り出すことで、「会社を辞めてしまう」ことは避けられると思っています。

二〇二一年には、慶應先端研、損害保険ジャパン株式会社（損保ジャパン）、早稲田大学オープンイノベーション戦略研究機構（ＯＩ機構）の三者が、共同研究契約を締結しました。「放牧モデル」ともいうべきこの「鶴岡モデル」に基づくイノベーター人材育成プログラムの開発にむけた調査・研究を行うためです。

私とともにその研究代表者となっている高木慶太くんは、損保ジャパンから送り込まれてきた「企業派遣大学院生第一号」でした。鶴岡で「放牧」された本人が、自らの実体験を踏まえ、今度はその「放牧」という先進的な人材育成手法をプログラム化して他社にも提供できる形にしようという計画です。

「研修の場で終わるのではなく、鶴岡の地で新しい事業をつくりあげるまで、何年かかってもいいので、ぜひやってもらいたい」

損保ジャパンのトップはそういって人材を送り出しています。

高木くんはその一歩を踏み出したといえるでしょう。

インタビュー

世の中に価値を生み出したい

損害保険ジャパン株式会社（以下、「損保ジャパン」）人事部
人材開発グループ 課長代理
高木慶太さん

文系の自分が何をすればいいのか

「マジか？」

鶴岡への「異動」を伝えられたとき、まず、そう思いました。私は大学で商学部を卒業後、損保ジャパンに入社し、最初の赴任地の山口支店ではカーディーラーの営業支援を四年間、次の職場の東京・日本橋の支店では法人への提案営業を五年間担当しました。慶應義塾大学先端生命科学研究所への派遣が伝えられたのは、ちょうど入社一〇年目をむかえるときでした。

全国に支店がある会社なので、地方への異動はある意味当然だと思っていました。

じつは、次の異動先として聞いていたのは、新しくできたビジネスソリューション部（当時）という部門でした。その部門は新宿にあるので、当然新宿に勤務するのだと思い込んでいて、妻にも「今度は新宿だから」と伝えていました。

それが赴任先は鶴岡の研究所だと聞いて、文系の自分がいったいそこで何をすればいいのか、ただ驚くばかりでした。同僚からは「研究者になるの？」と問われ、上司に聞いても「初めての試みだから詳細はわからない」と返されて、不安でいっぱいでした。

そんなあるとき、冨田さんが東京で、鶴岡での取り組みについて講演することを知り、聞きに行きました。そこで不安が一気に吹き飛んだことは鮮明に覚えています。一言でいえば、ワクワクしたのです。二〇〇一年に研究所を立ち上げて、これだけのベンチャー企業が生まれ、チャレンジャーを支援し続けている。もしかしたら、自分も何か、これまでやったことのないことにチャレンジできるかもしれない。一期生として選ばれたんだからやり切りたい。早く鶴岡に行きたい。そう思うようになりました。

ちょうど長男が幼稚園に入園するタイミングで、すでに入園先も決まり、さまざまな手続きを終えていましたが、「新しいプロジェクトが始まり抜擢してもらったから頑張りたい。子どもも小さいので一緒に来てほしい」と妻を説得。家族で鶴岡に移り住むことにしました。

「いままでやったことがないこと」にチャレンジする

ところが、鶴岡に着いてまた戸惑いました。初日に「自分の仕事はなんですか?」と冨田さんに聞くと、「それを考えるのが最初の仕事です」とあっさり言われてしまったのです。

これまでは営業目標などがあり、それを達成すべく仕事の段取りをつけてきたのですが、ここでは様子がまったく違います。与えられたミッションはなく、どう動けばいいのかわかりませんでした。でも、やるしかありません。

考え抜いた末、「そもそも鶴岡で何が課題なのか、自分はわかっていない」ことに気づき、まず、他地域から鶴岡に来て働いているベンチャー企業の人たちに一時間の面談を片っ端から申し込んで、話を聞くことにしました。

その一方で、鶴岡市役所にも足繁く通いました。山口県での営業時代の経験から、「情報は役所に集まる」と考えたからです。足を運んでいるうちに、もともと自分が好きでやっていたサッカーの社会人チームがあることを知り、鶴岡市役所サッカー部のチームに入れてもらいました。

そうなると、サッカーを通じて仲間ができます。徐々に地元にとけこむとともに、さまざまな情報を得られるようになりました。

そうして地元の人たちと話をしていく中で、「鶴岡という地は食文化に魅力がある」ことを知りました。ところが、そんな魅力的なリソースがありながら、それが十分に生かされていないことにも気づきました。

そこで鶴岡の食について知るために、農場運営をしているヤマガタデザインという会社に「手伝わせてほしい」と頼み込み、週二、三回、雑草とりをしたり、ときにはトラクターに乗って作業をしました。

ちなみに、私はそれまで当然ながら、農作業とは無縁の生活でした。とくに植物が好きだとか家庭菜園に関心があったわけでもありません。でも、だからこそ逆に、「今までやっていなかったことをやろう」と思い切れて、楽しんで取り組むことができたのかもしれません。

自分の置かれた環境で何ができるか

そして「体験だけで終わらせたくない」と、山形大学農学部の一般市民向けの講座で学び、さらに「鶴岡ふうどガイド」の養成講座を受講することにしました。

「鶴岡ふうどガイド」とは、鶴岡の食文化を活かし、自ら鶴岡の「食文化」を題材に体験観光や講座の企画、視察の対応などの要望に応じ、総合的に「食」の案内ができるガイドのことです。無事試験に合格し、ガイドとして認定されました。

それから、「活性化には催事が必要だ」と考えて、ヤマガタデザインのメンバーと一緒に、はしご酒イベント「ツルバル」を企画しました。これは、マップを片手に歩いて回れる範囲の和食、洋食、スペイン料理、ラーメン屋などバラエティに富んだ二〇店舗以上の飲食店で、チケットと引き換えにお酒と旬の食材を使ったおつまみを味わえるというイベントです。二〇一八年一二月から地元の人たちも巻き込んで検討を重ね、翌年七月に開催したところ大好評でした。自分たちの企画が認められ、うれしかったのは言うまでもありません。

赴任した当初は、右も左もまったくわからず、ミッションも自分で考えなくてはならない中、苦しく感じたこともありました。

しかし、「自分の置かれた環境で何ができるか」を徹底的に考え抜き、行動に移すことができたからこそ、こうしたうれしい結果が得られたのだと思います。

もがきながら、苦しみながら、行動していく。その過程が、主体的に動く人間をつくるトレーニングになっているのだと考えます。

　こうして自分でミッションを見つけて行動する一方、当時は社会人大学院生でもあったので、研究もしなくてはなりませんでした。私は研究テーマを「文理融合の人材育成」と設定して取り組み、二〇二〇年九月に修了しました。現在は自身が鶴岡での越境学習を通して学んだことを体系化し、「慶應先端研を起点とした企業人育成モデルの構築」を自身のミッションとし、鶴岡でチャレンジを続けています。

　私は鶴岡に来て、いまやっていることだけでなく、やりたいことを言い続ける、ビジョンを発信し続けることがいかに大事かを学びました。

　加えて、冨田さんやベンチャー企業のメンバー、地元の方々との出会いによって、「世の中にどのような形で貢献するか、価値を生み出していくか」について深く考えるようになりました。

　私が得た学びや体験を生かしつつ、これからも鶴岡モデルの実践者かつ研究者として、自分で設定したミッション達成に向けて取り組んでいきたいと思います。

第2章

「好き」を徹底的に追求する

――「おもしろい」と思ったら中途半端にやめずに飽きるまでやろう

誰にでもひとつや二つ「好きなこと」があると思います。傍《はた》から見れば共感や理解が得られなくても「好き」や「興味のあること」に徹底的に取り組めば、思わぬ未来が開けるかもしれません。本章では私がどんな「好き」にハマったかを交えて、そこから導き出された私の人生の一部を紹介します。

1　どんなにマニアックなことでも、極めれば感動してくれる人がいる

一人ポーカーを五〇〇〇回

勉強嫌いのゲーム少年――私の子ども時代を端的にいえば、この表現がぴったりくると思います。といっても、当時は電子的なゲームはなかったので、トランプや将棋、マージャンといったアナログなゲームです。

私はトランプ好きが高じて、中一の夏休みの自由課題には、トランプゲームの「ポーカー」を研究テーマにしました。このテーマを選んだのには、自分なりのこんな疑問があったからでした。

ポーカーの基本ルールは、「各プレイヤーに五枚のトランプが配られ、もっともよい手ができた人が勝つ」というものです。

「ワンペア」「ツーペア」「スリーカード」……などの手がありますが、「スリーカード」のほうが「ツーペア」より強いとされていることが、当時の私には腑に落ちませんでした。五枚のうち四枚がそれぞれペアでなくてはならない「ツーペア」よりも、五枚のうち三枚が

同じ数字の「スリーカード」のほうができやすいのではないか、と思ったからです。この疑問を解決すべく、一人でポーカーを五〇〇〇回やって統計をとってみました。ひたすら一人で五〇〇〇回、トランプを配っては「正」の字をつけていったのです。結果は、「スリーカード」より「ツーペア」のほうがたくさんできました。ルール通りの強さの順番だったのです。そして、『ポーカーのルールによる手の『強さ』は、手の『できにくさ』に比例している」という、今考えてみればごくあたりまえの結論で結びました。

統計をとってまとめたレポートではありますが、トランプゲームだけに、先生に「ふざけている」と言われやしないか、内心少しビクビクしていたことを覚えています。

ところが提出してみたら「君は一人で五〇〇〇回ポーカーをやったのか！」と数学の先生にびっくりされて褒められ、「一人で五〇〇〇回もポーカーをやった生徒がいる」と教員室で話題になりました。そしてクラスで数人に与えられる「特別賞」までいただきました。「どんなマニアックなことでも、徹底的にやると、それに感動しておもしろがって評価してくれる人がいる」。このときそう悟りました。五〇〇〇回ではダメだったでしょう。五〇〇〇〇回、それくらい徹底してやったことが評価されたのだと思います。この経験が私の自信になったのは言うまでもありません。私の研究人生の原点といえる出来事です。

足を使ってインベーダーゲーム

もうひとつ、私が夢中になって、あることを〝究めた〟実体験を紹介しましょう。一九七八年に世に出た、日本のアーケードゲーム史上最大のヒット作「インベーダーゲーム」です。私が大学三年生のころでした。

多種多様なゲームがあるいまと違って、当時はゲームといえばこのインベーダーゲームくらいしかありませんでしたので、子どもも大人も夢中になって、「五〇〇〇点とった」「ぼくは六〇〇〇点だぞ」と、町中でも会話が聞こえてきたほど国民的な人気でした。

基本ルールはいたって単純です。爆弾を落としながら空からゆっくり降りてくるインベーダーの群れを、左右に動く基地から対空砲を撃って一匹ずつ退治するというものです。基地がインベーダーの爆弾に三回当たるか、インベーダーが地上に降りてきてしまうとゲーム終了です。

インベーダーを全部退治すると一面が終わり、二面に進みます。二面はインベーダーが一面よりも低い位置から始まるので、もっと急いで退治しなくてはなりません。ときどきUFOがやってきて、これを撃つとボーナスポイントがゲットできます。

このゲームのとりこになった私は、想像を絶する時間とお金をつぎ込みました。そして高得点をたたき出す「名人」と呼ばれるまでになりました。温泉旅館やスキー場のゲームコーナーで私がインベーダーゲームをプレイしていると、いつのまにか周囲にギャラリーが集まってくるほどです。

インベーダーゲームは一面クリアするたびに次の面が少しずつ難しくなっていくのですが、一番難しい面をクリアすると、また一番最初の簡単な面に戻ってしまいます。ですから私のように名人級の人は、いつまでたってもゲームオーバーにならず、一〇〇円玉一枚で四時間でも五時間でも遊べてしまいます。

ならば史上最高点を目指そうと思うわけですが、スコアが「99990」点を超えると、やはり「00000」点に戻ってしまう。そうすると、本当に何のためにやっているかわからなくなってしまいました。そこで、見ているギャラリーを沸かせるようなプレー、俗にいう〝魅せゲー〟に挑戦するようになり、いろんな「技」に挑戦しました。私のインベーダーゲームの目的は、そうしたギャラリーの人たちをいかに楽しませるか、ということに変わっていきました。

そして、ついに私は、手を使わず足を使ってゲームをするという「大技」を開発。「すごい！」と、私の周囲には何重にも人垣ができ、今度は「足技の名人」と呼ばれました。

インベーダーゲームの絶頂期には、「東京六大学対抗スペースインベーダー大会」なるテレビ番組に慶應義塾大学代表の一人として出場したこともあります。残念ながら準優勝でしたが、好きなことを徹底的にやることのよろこびを、インベーダーゲームを通して実感した大学時代でした。

一人ポーカー五〇〇〇回にしても、「足技インベーダー」にしても、経歴書に書けるような立派な実績ではないかもしれません。むしろ、「なんだそりゃ？」とクビをかしげられても仕方のないようなことでしょう。

しかし、そんなマニアックなことであっても、徹底的に極めれば感動してくれる人もいるし、評価してくれる人もいる。このことが、その後、誰もやっていなかった研究を「よし、やってやろう！」と突き進んでいく私の土台となっているのです。

2　問題は解くより作るほうがおもしろい

詰将棋の問題を作る

私が大学時代に熱中したのはインベーダーゲームでしたが、小・中学生時代は、将棋にハマっていました。学校では休み時間になると、相手を探しては将棋を指し、クラスメートはもちろん、将棋好きの先生とも対戦するようになりました。そしてついに学校内にはまともな相手がいなくなり、小学校六年生の時に将棋道場に通うようになったのです。道場はちゃんとしているのですが、ロケーションが新宿歌舞伎町のそばで、お世辞でも子どもに良い環境とは言えませんでした。だから「かならず夕方六時には道場を出るように」と何度も親に念を押されました。まあ親が心配するのも当然のことだったと思います。

一方で、家にいても熱中できる将棋があります。それは、詰将棋でした。

詰将棋とは、与えられた盤面に対して、与えられた持ち駒を使うなどして、連続して王手をかけて勝ったら正解という、いわゆる「独り将棋」です。私にとってはクイズ問題といったほうがしっくりきます。

一人でやるので、相手を気遣ったり、帰りの時間を気にする必要がありません。いくらでも考える時間があります。そして、とても奥が深いのです。

いくら考えてもわからなかったのが、突如「なるほど！　いやあ、この手があるぞ！」と〝絶妙手〟を発見して答えにたどり着く。「まさかその手はないだろうな」という手が正解だったりすることもあります。

そうやって答えを見つけたときの達成感は、経験者にしかわからないかもしれませんが、とにかく爽快なのです。そして、出題者は答えを見つけた人が「なるほど！」と手を打ってよろこぶ様子を想像しながら楽しそうに問題を作ったんだろうな、と考えることもまた楽しいものでした。

いくつもの感動する詰将棋問題に巡り会うことができた私は、今度は詰将棋の問題をつくることに熱中するようになりました。まるで芸術作品を創作するかのようでした。解いた人に「ええっ！　この手か！」とびっくりするような達成感や爽快感を感じてもらいたい。その一心で、問題作りに励みました。

これは日本の教育制度に起因していることだと思いますが、多くの人は大人も子どもも「与えられた問題」に取り組むことに一生懸命です。そしてその問題が解けることによろこびやおもしろさを感じます。「できた！」ことがモチベーションとなって成長するのは、たしかに一理あるとは思います。

しかし私は詰将棋を発端に問題作りに熱中するようになり、「問題は解くより作るほうが圧倒的におもしろい」と思うようになりました。

自作ゲームを売り歩く

インベーダーゲームについても同じような経験をしています。つまり、ゲームをするよりも、ゲームを作るほうがおもしろい、ということに気づいたのです。それでコンピュータプログラミングを独学で勉強し、ゲームソフトを自作するようになりました。

その道のりについては別途お伝えしますが、自作したゲームを友人と遊んで楽しむだけでなく、秋葉原のマイコンショップに持ち込んで自作ゲームを買い取ってもらうことにも挑戦しました。お小遣いを稼ぎたかったのもありますが、果たして自分の作品が商売に耐えうるものなのか、知りたくなったのでした。

とはいえ当時、ゲームソフトは値段があってないようなもの。マイコン（マイクロコンピュータ、今でいうパソコン）のソフトウェアはいくらでも無料でコピーできてしまうので、ゲームソフトをお金を出して買おうというゲームマニアはほとんどいませんでした。いまであれば、会社と契約を交わしてソフトウェアの版権や使用権を買い取ってもらうのでしょうが、当時はそんな習わしもほとんどなく、相場も交渉方法もさっぱりわかりませんでした。

そんな状態の中で最初に持ち込んだ自作ゲームは「ウルトラブロックくずし」というゲームです。すでにゲームセンターで流行していた「ブロックくずし」の発展版です。ブロックがインベーダーゲームみたいにだんだん下りてくるので、ぼやぼやしていると大変なことになる、というゲームです。

当時大学生の私はまず秋葉原を散策し、繁盛していそうなマイコンショップを見つけて店に入り、店員に話しかけました。

「新しいゲームソフトを作ったのですが、見てくれませんか」

「あ、そう。じゃあそこのマイコンでやって見せて」

と、色よい返事をいただいたので、持参したフロッピーディスクをそのマイコンに入れてゲームをスタートさせました。

「結構いい動きしてるね！　うちで買い取ってもいいよ」

ほめられて、すごくうれしかったのですが、ここでうれしそうにしては足下を見られてしまうと思い、平然として値段交渉に入りました。

店の人は電卓を見せながらこう言いました。「ま、こんなもんだね」

表示されたのは「８００００」円。それが、安いのか高いのかもわかりませんでしたが、とりあえず「えーっ、たったの八万円ですか〜」と私は驚いてみせました。そしてダメもとで、「せめて六桁にしてくださいよー」と言ってみました。するとなんとあっさり「え？六桁？　ああ、一〇万円ね。わかった。ちょっと待ってて」と、裏手の方に行き、札束をわしづかみで持ってきて「一、二、三、四、五、六、七、八、九、一〇、はい一〇万円ね」と私に渡したのです。契約書も領収書もありません。

「また作ったら持っといで〜」と言う店員さんを尻目に、店を出ました。

あっという間のできごとで、得したのか損したのかよくわかりませんが、とにかく自分が作ったゲームソフトが売れた。そして手元に実際に一〇万円がある。そのことが、半信半疑ながらもとてもうれしかった、最初の〝営業〟でした。

次に作ったゲームは爆撃機が敵基地を攻撃する「ザ・ボンバー」というゲームです。山あり川あり基地ありの地図画像がゆっくりと上から下にスクロールしているところに、タイミングよくボタンを押すと、爆弾が「ヒュー」と音を立てて落ちる。それが基地に命中したら加点、というゲームです。地図のような複雑な画像をなめらかにスクロールさせることには当時高度な技術が必要だったのですが、それを四日間で完成させました。「また一〇万円ぐらいで売れたらいいな」と思いながら、前回とは別の秋葉原のマイコンショップに持ち込んでみました。そこの店主は、「このスクロールはかっこいいね！」とゲームのできはほめてくれましたが、「うちで買いたいけど、でも、今うち、あんまりおカネないんだよね」とつぶやきました。

ああ、ねぎられるんだな、と予感しつつ、もし一〇万円以下だったら、「ウルトラブロック」の実績を話して、せめて一〇万円にしてもらおう、と考えていました。ところが、提示された電卓を見て驚きました。「500000」とあったのです。私は五万円の見間違いだと思って何度も見ましたが、やはり五〇万円とありました。

自分でもしたたかだと思ったのは、そのとき、私の口からとっさに「えー、たった五〇万円ですか～」と出ていたのです。

さらに交渉を重ね、最終的には、五五万円で買い取ってもらうことができました。

「漢字システム」を二〇〇万円で売る

ゲーム以外にも、マイコンで漢字を表示できるシステムを開発しました。当時は日本語が扱えるコンピュータは大型機に限定されていて、「ワープロ」という言葉さえなかったため、「世界初」と話題になり、『週刊現代』の巻頭グラビアで写真つきで紹介もされました。

うれしいことにこのシステムは、ある企業と契約して約二〇〇万円で買い取ってもらえたのです。ちゃんと契約書を交わしたのは初めてです。そして「アップル漢字システム」として、店頭で二万九八〇〇円で販売され、マイコンマニアに売られていました。日本語フォントは自作のものなのでどこかぎこちなく、カナ漢字変換もとても原始的な方法で、いま見れば実に稚拙なシステムでしたが、それでもカナ漢字交じり文が画面に表示できること自体が、当時は画期的でした。

ＮＥＣが「漢字表示ができるパソコン」を発売しベストセラーになったのは、それから二年ほど後のこと。それと同時に私のアップル漢字システムはお蔵入りしてしまったのでした。

ともあれ、「自作ゲームソフトを売り歩く」という人生で初めての営業活動を通じて私の交渉力が磨かれたのはたしかですし、何より「ゲームをやるより作るほうがおもしろい」と実感できたことは、その後の私の研究人生に大きく影響していくことになりました。

3　教科書は「攻略本」として使おう

教科書の有用性に気づく

私のような性格の人間は、人からやることを強要されることはおもしろくありません。「やらされ感」があるとやる気も出ませんし、いい結果も出ません。これは仕事も学業も同じでしょう。

私は大学三年生の時にインベーダーに出会ってコンピュータのとりこになるわけですが、実は大学二年時まででコンピュータは大嫌いでした。私は工学部に在籍していたので、コンピュータ実習を必修科目として受講させられました。当時、授業で扱っていたのは、大型コンピュータでした。今はコンピュータの入出力はキーボードとディスプレイですが、当時はカードパンチャーでカードに穴を開け、それをカードリーダーという機械で読み取って入力し、しばらく待っていると、結果の出力がプリンターから印刷される、というものでした。今とは比べものにならないくらい手間がかかるわりに地味で、とてもおもしろいとは思えませんでした。だから嫌いだったのです。

その思いが変わったのが、カニやイカがピコピコ動くインベーダーゲームを見たときでした。はたしてどういう仕組みなのかを知りたくて、当時のゼミの担当教授だった慶應義塾大学の中西正和先生に聞きに行きました。そこで言われたのが「これはマイクロコンピュータでプログラミングされている」ということです。

それを聞いて私は「これが同じコンピュータなのか？」と、とてもびっくりしました。大学の授業でやるコンピュータには興味が湧かなかったのに、インベーダーゲームが動いているマイクロコンピュータなら勉強したいと、がぜんやる気になったのです。とはいえ当時は、マイクロコンピュータ、つまり「マイコン」の授業はなかったので、マニュアルを読んで自学するしかありませんでした。

タイミングのいいことに、ちょうどそのころ、パソコンのはしりのような「ＡｐｐｌｅⅡ」というマイコンが発売されました。私はそれをいち早く購入し、プログラミングの勉強に没頭しました。その時の集中力はすさまじいものでした。こうしてコンピュータゲームを自作できるようになり、さまざまなゲームを開発し、秋葉原に売り込みにいったというわけです。

当初、私が興味を持てなかった大学のコンピュータの授業は、必修科目だったので進級のために強制的にやらされている勉強でした。単位を取ることが目的の勉強はやる気が出ませんでしたが、自分がやりたいことのために勉強することは、楽しいし、やる気になります。それまでろくに読まなかったプログラミングの教科書も、自分がやりたいことのためなので、それこそゲームの「攻略本」として、むさぼるように読みました。

教科書を攻略本としてとらえると、とても有用で必要不可欠な書物となります。つまり、答えのない問題に取り組んだり、世界で初めての研究をする場合、まずはすでに知られていることを、教科書などでよく勉強して、それを参考にして考えるほうが、ゼロから考えるよりも合理的だからです。教科書をマスターすること自体が目的だと、まったくおもしろくないと思っていた私ですが、このように考えることで、教科書がグッと「役に立つもの」として身近になったのでした。

将棋ゲームがＡＩ研究のきっかけに

その後、大学在学中にさまざまなゲームソフトを自作するようになり、やがてコンピュータが人間と対戦する「将棋ゲーム」を作ろうと考えました。小・中学生時代、将棋に熱中していたからです。

「次にどういう手を指すべきか」をコンピュータに考えさせるところで、壁にぶつかりました。

将棋の場合、一つの局面には、指せる選択肢が三〇通りほどあります。三〇通りのうちどれを選ぶか。そして、相手がそれに対してどう指してくるか。これも三〇通りくらいありま す。さらに、それに対してどうするかもまた三〇通りあります。

ですから「こう指したら、相手はこう来る、そうしたらこう指す」と、三手先を読むということは、三〇×三〇×三〇、つまり「三〇の三乗」通りあることになります。同様に、七手先を読むには三〇の七乗、つまり二一八億通り考える必要があります。

人間の場合は、初級者でも、一三手ほど先を読むといわれているので、「三〇の一三乗」通りということになります。ですから、コンピュータが人間の初級者と同じくらい実力をつけるためには、「三〇の一三乗」通りを考慮しなくてはならないということです。これはとてつもなく大きな数字で、一五九四京三〇〇〇兆になります。仮に一秒間に一〇〇万通り考えられるコンピュータを使ったとしても、一手指すために五〇万年かかることになります。

しかし人間の場合は、数分あればこの先読みを行うことができます。人間は全部の可能性を考慮しているわけではないからです。つまり人間は「関係ないものは目に入らない」という能力を持っている。これが当時のコンピュータとの決定的な違いでした。

では、人間並みの力をコンピュータに与えるにはどうしたらいいのか。ゼミの中西先生に相談すると、「人間はものすごく効率のいい探し方をする」と教えてくれました。人間は、不要なところは探さないで無視する。コンピュータ将棋に先読みをさせるためには、この人間の探す能力を取り入れる必要があることがわかりました。

中西先生によると、それは人工知能（ＡＩ）の一分野の「探索（Search）」という領域だといいます。では、その学問を研究してみたい。これが、のちに私の専門となる人工知能との出会いでした。

私の専門分野のきっかけを作ってくれたのは、将棋ゲームだったのです。

4 「好きなこと」をつなげていく

「好きなこと」に没頭していると、そのこと以外目にも頭にも入らない……と思われがちですが、実はそこから別の「好き」が生まれることもあります。これはやってみなくてはわからない。私もそうでした。

自動翻訳システムの壁

「よし、人工知能の研究をしよう」と決めたものの、当時の日本では、人工知能の研究をしている大学の研究室はひとつもありませんでした。

本格的に研究するにはどうしたらいいか。今度も中西先生に相談すると、返ってきた答えは「アメリカに行くしかないよ」でした。

そこで私は「アメリカの大学院に留学してＡＩで博士号をとる」という、当時の私にとってとてつもなく大きな夢を描き、悪戦苦闘の末にペンシルバニア州ピッツバーグ市にあるカーネギーメロン大学（ＣＭＵ）から合格通知をもらいました（留学にあたっての壁については第3章に譲ります）。

こうして私はCMUで人工知能を学ぶことになるのですが、人工知能といっても、その学問分野は細かく分かれています。私は自動翻訳を専門にしました。

留学当初は探索という分野を研究しようと思っていましたが、自動翻訳のほうが、より役に立ちそうで、インパクトも大きいと考えて興味が湧いてきたのです。そして、日本語という外国語が得意な日本人ならアメリカ人と比べてこの分野では有利だと思ったからです。

ただ、自動翻訳というのは、実用まではなかなか難しいことがわかってきました。

人間のことばには〝あいまいさ〟があります。これが、自動翻訳を難しくしている主な理由です。たとえば「pen」という名詞は、筆記用具の「ペン」の他に「柵《さく》」という意味もあります。ですから、「pen」という単語が出てきたら、場面に応じて訳し分けすることが必要です。

「The box is in the pen.」という英文は「その箱は柵の中にある」と訳さなければなりませんが、「その箱はペンの中にある」と訳してしまうと、まったく意味不明な誤訳になってしまいます。だから正確に訳し分けるためには、文の意味を理解することが必要になります。

意味を理解するためには、そもそも「箱」がどういうものでどんな大きさか、「ペン」がどういうものでどんな大きさかといった基礎知識に加えて、「大きなものは小さなものの中には入らない」といった一般常識を持っていなければなりません。こうした人間が持つすべての知識をコンピュータに持たせることは到底不可能です。

当時、私がひらめいたのは、「話題をものすごく限定すれば、コンピュータに知識を持たせて文章の意味を理解させることができるのではないか」ということでした。

そこで、病院での「医者と患者の会話」に限定した自動翻訳システムの開発にチャレンジしました。日本語でマイクに向かって話すと、その意味を理解して英語に翻訳してしゃべってくれるというシステムです。

松下電器との共同で開発したこのシステムは一九八六年にデモンストレーションを行い、アメリカのCNNでニュース放送もされました。

「これで海外旅行は安心だ」と期待した人も大勢いましたが、私たちが開発したのは、あくまでも医者に症状を訴えるシーンだけを想定したシステムです。入力文がその範囲から外れたら理解できず翻訳できません。「この近くに郵便局はありますか」「あなたの好きな俳優は誰ですか」といった会話はまったく翻訳できず、ただ「Pardon?」と聞きなおすしかできないのです。

あらゆる話題を理解して翻訳できるようにすることはとてつもなく難しく、結局、人間の知能と同じぐらいの知的システムを作らないと、まともな翻訳はできないと痛感しました。

では、人間の知能と同じぐらいの人工知能が完成するのはいつの日か。

気の早い人工知能の研究者でも五〇年はかかる、一〇〇年かかるだろうと言う人もいましたし、永遠にできないだろうと言う人もいました。そのくらい人間の知能とは、すばらしくよくできているものなのです。人間の知能のような人工知能は、おそらく自分が生きている間には実現しないと感じ、「このままこの研究を続けていていいのだろうか……」と考えるようになりました。

生命のすごさ

そんなある時、ハッと気づきました。生命のすごさに、です。

第1章でも述べましたが、人間は皆、最初は一個の細胞（受精卵）です。それが分裂を繰り返して三七兆個もの細胞からなる人間になり、三年ぐらいで言葉をしゃべりはじめます。その三七兆個の細胞には、心臓や脳も含まれます。これってすごいことではないか？　人工知能学者が一〇〇年かかってもできないかもしれない知的システムが、世界のいたるところで半ば自動的に生まれているわけです。

それらの設計図はどこにあるのか、というと、もとの受精卵の中にあるＤＮＡに書き込まれています。生命の設計図であるＤＮＡは、アデニン（Ａ）・チミン（Ｔ）・グアニン（Ｇ）

・シトシン（C）の四種類の塩基という物質の並び方で決まります。このことは、大腸菌のDNAでもイネのDNAでも同じです。ただ、四種類の塩基の並び順や数の違いが、それぞれの生命体の違いとなります。ヒトの場合、四種類の塩基が三〇億個並んでいます。言い換えると、ヒトの設計図、すなわちヒトゲノムというのは、四種類のアルファベットが三〇億文字並んだ暗号文というわけです。ちなみに大腸菌は約四六〇万文字、イネは四億文字です。

ヒトゲノムの三〇億文字は、情報量にすると一ギガバイトです。そのことを知って衝撃を受けました。「たったの一ギガバイトか！」と。現在の私のノートパソコンのメモリが一テラバイトですので、そのわずか一〇〇〇分の一という情報量です。

その一ギガバイトの暗号文に、人工知能学者が一生かかってもできないと思われる、高度な知能システムの設計図、つまりヒト一人分の〝作り方〟が書き込まれているわけです。しかも、今、この瞬間にもヒトという知能システムは、世界の至るところで生まれている。その生命のプログラムのすごさに驚くとともに、この仕組みがいったいどうなっているのか、どうしても知りたくなりました。

そして、人工知能をプログラミングでイチから作るよりも、実在するヒトのプログラム（ゲノム）を研究する方が合理的ではないか、と考えました。それでこれまでずっと嫌いだった生物学を、三〇歳を過ぎたこのときから勉強してみようと決心したのでした。

振り返ってみると、子ども時代の将棋に始まり、インベーダーゲーム→コンピュータ→AI→生物学と、分野は少しずつ異なってきていますが、いずれも「好き」だから熱中したことばかりです。

「好きなこと」に夢中で取り組んでいたら、その延長線上に次の興味となるもの、つまり「好きなこと」につながって、それに没頭していたら今度はまた次の「好きなこと」につながって……と、わらしべ長者ではありませんが、ある程度の形となっていき、評価も得られ、人の役にも立つようになる。

こんな私の実体験があるからこそ、やはり「好き」を徹底してやる勇気を持つことが大切ではないかと思うのです。「好き」をつなげていけば、その先には自分が納得できる未来が開けるかもしれません。

5　金メダルを取りたければ自分で種目を作れ

第1章でもお伝えしましたが、二〇〇一年に慶應義塾大学は山形県鶴岡市に先端生命科学研究所（先端研）を設立し、私は設立当時からこの研究所の所長を二二年間務めたことになります。当時四二歳だった私は山形県に縁もゆかりもなく、所長を任命されたときは、正直びっくりしました。そこに至るまでにはこんな道のりがありました。

IT＋バイオ

人工知能を学びにいったアメリカで、さらに生物学に興味が湧くようになった頃、「ヒトゲノム計画」という国際プロジェクトが始まるという新聞記事が目につくようになりました。これは、世界中の分子生物学者が協力して、人間の設計図であるヒトゲノムの三〇億文字を読み取ってしまおうという計画です。

それを見て私は考えました。仮にヒトゲノムを読み取り終わったとしても、それはあくまでも塩基配列、つまりＡＴＧＣの並びにすぎず、その文字列の意味を解読しなければ、理解したとは言えない。その「意味を理解する」というのは、まさに私が今までやってきた情報科学ではないか。

当時、ヒトゲノム読み取り完了は二〇一五年ごろではないか、と言われていました。「二〇一五年だと自分はまだ現役だな。であれば、生命科学においても必ず自分の出番が来る」。そう思ったのです。

私は当時、カーネギーメロン大学（CMU）で博士号を取得後、CMUの助教授として「人工知能入門（Introduction to AI）」という大学三年生の授業を教えていました。一方で、生物学に興味を持った私は、同じ大学の生物学科にある「現代生物学入門（Introduction to modern biology）」という授業を正式履修しました。アメリカの大学には教員が他学部の授業を履修して勉強できる制度があるので、その制度を利用したのです。

その後、私は慶應SFCの環境情報学部助教授として着任するために、アメリカから帰国しました。SFCには情報科学の教員として採用されたのですが、研究分野を生命科学に〝変更〟し、さらには医学部の大学院に入学して助教授と大学院生を〝兼務〟する、という前代未聞のことをやりました。これらについては第3章で詳しくお伝えします。

ともあれ、アメリカから帰国した当時から、「これからはバイオ（生物学）とIT（情報科学）を組み合わせた分野が主役になる」と私は確信していました。

それでＳＦＣに着任して四年目ぐらいから、私のゼミの内容は生命科学に変更することにしました。さらに何年かして、担当授業もコンピュータではなく生命科学の科目に変更してもらいました。

つまり、これまでにほとんどなかった「ＩＴ＋バイオ」という分野を少しずつ、自分なりに開拓していったのです。

「よくわからないけど、それいい！」

ちょうどその頃、慶應義塾大学と山形県と鶴岡市が三者協定を結んで、鶴岡に慶應の研究所を開設する話が進んでいました。慶應の各学部から教授たちが集まって、どんな研究所をつくるかを委員会で協議していました。その委員会では、慶應大の理工学部、医学部、環境情報学部という三つの理系学部から、鶴岡にラボを持ちたいという教員を公募しようということになりました。ところが、というか、やはり、というか、どこからも手が挙がらない。自分も一委員ではありましたが、まったく自分ごとではなく、鶴岡にラボを作ることなど考えてもいませんでした。

協定に基づいて、研究所の建物は着々と建設されているのに、肝心の中身がなかなか決まらなかったのです。新研究所の担当理事にしてみれば、そんな状況を懸念し、やきもきしていたと思います。

ある日、その担当理事から私に電話がありました。

「冨田君は、鶴岡の研究所をどうしたらよいと思う？」

委員会で最年少だった私に意見を求めたのです。

私は正直に思っていたことを言いました。

「信濃町や矢上や藤沢でもできる研究を、山形で誰かやりませんかと言っても、そりゃ誰も手は挙げないでしょうね」

当時、慶應義塾大学は、信濃町キャンパス（東京都新宿区）、矢上キャンパス（神奈川県横浜市）、湘南藤沢キャンパス（神奈川県藤沢市）など、関東のキャンパスにそれぞれ研究所がありました。関東の研究所でもできることをわざわざ山形県でやりたい、という人はいないだろうと思ったのです。

「では、どうしたらいいかな。何かいいアイデアある？」

「ふつうのことをやっても、絶対うまくいかないと思います」

「じゃあどうすればいいんだ？」

「それは、良くも悪くも、あくの強いコンセプトを打ち出して、『ええ？　そんなことをやるの？』とびっくりするようなオンリーワンの研究所を打ち立てることではないでしょうか。

もちろん、賛否両論あってよくて、でも賛同する人は、鶴岡に来るしかない。そうすれば集まる人は集まってくるのではないでしょうか」

「なるほど。びっくりするようなコンセプトとは、例えばなんだ？」

そう言われたら、自分がやっている研究を言うしかありません。

「たとえばＩＴ＋バイオで『データドリブン・バイオロジー』です」

「それはどういうものだ。ちょっと話を聞かせてほしい」

データドリブン・バイオロジーとは、大量のデータをまず測定し、その情報をもとにコンピュータを駆使して、生命現象を理解するという研究です。担当の理事の先生は経済学が専門で、どの程度理解いただけたのかはわかりませんが、私のプレゼンを聞いて「それ、いいじゃないか」と言いました。そして、「塾長が隣の部屋にいるから、今のプレゼンをもう一度してくれ」というので、その通りに塾長の前でプレゼンをしました。

私のプレゼンを聞いた塾長も「これ、いいじゃないか」と言い、こう続けました。

「二週間後に、山形県庁に行くので一緒に来てくれ。そして知事にプレゼンしてくれ」

こうして今度は山形県知事にプレゼンすることになりました。

「ＩＴ＋バイオ。これからはこれが世界をリードする重要なキーワードです！」

そう熱くプレゼンしたところ、知事は「よくわからないけど、それいい！　それでいこう！」と即決でした。

この時点ではまだ、私に「所長を」という話はありませんでした。まもなく「今までの会議の内容は全部リセット、冨田君が理想とする研究所の青写真を描いてくれ」と理事から要請され、一カ月かけていろんな人に会ったり話をしたりして練り上げていきました。

そうしてでき上がった青写真を理事に説明したところ、「それでいこう！」となり、「ちょっと若いけれど、所長も冨田君でいこう」と、この時点で初めて「所長に」という話を受けました。私は年齢的にも、副所長や所長代理くらいかなと思っていたので、ちょっと驚きました。

〝ここ〟にしかない研究

そしていよいよ研究者のリクルートを始めました。

「慶應が新しい研究所をつくることになったので一緒にやりませんか」と声をかけると多くの人は興味をもってくれるのですが、場所が山形県であることを知ると、「それはちょっと遠すぎますね……」と断られてしまいます。東京の人は東京から出たがらないし、地方出身の人も「首都圏でないと厳しい」と言います。場所の壁は思いのほか厳しいものでした。

「冨田君がいくら頑張っても、研究所が山形県にあるうちは絶対にうまくいかないよ」

こう言われたことも一度や二度ではありませんでした。

「なぜですか？」と理由を聞くと「日本人はそういうものだ」と言われてしまいます。

当時、「データドリブン・バイオロジー」をメインにした研究所は世界のどこにもありませんでした。だからそれを看板に掲げたときに「非主流派」の研究所だと思った人が多かったと思います。一方で、「おもしろそう、未来を感じる」と思ってくれた人には、鶴岡が世界一の場所なのです。だから、鶴岡に来るしかないわけです。「金メダルを取りたければ自分で種目を作れ」とはそういう意味です。

たしかに鶴岡は東京からは距離こそありますが、飛行機で約一時間、全日空が一日四往復飛んでいます。空港からは車で一五分ぐらいです。頑張れば日帰りできますが、通勤はできません。遠いけれど、すごく遠いわけでもない。今思えば、その微妙な距離感がよかったのだと思います。

ここで研究をしようという人は、通えないので引っ越ししてくるしかありません。すなわち、覚悟を決めて来た人しかいなかったのです。そのためみんな、モチベーションも意識も高い。中途半端な気持ちの人がいないと、ものすごくいい雰囲気が醸成されていきます。それが、世界初の様々な成果が生まれた理由のひとつではないかと思います。

6 ジャンル分けには意味がない

父の背中

こうして私はこれまでになかった新しい分野に踏み込んでいったわけですが、「既存の分野に囚われる無意味さ」を教えてくれたのは父でした。

自分の父が「作曲家」だと意識するようになったのは、私が小学校低学年のとき。ちょうど、手塚治虫原作のTVアニメ『ジャングル大帝』や、NHK大河ドラマ『天と地と』が放映されていた頃です。家族でテレビを観ていると、〝音楽　冨田勲〟というクレジットが出ていて、意識するようになりました。

父は平日も休日もなく、よく徹夜で作曲に没頭していました。依頼された仕事は断らずにすべて引き受けていたのだと思います。

そんな父が、約一年間、テレビ音楽などほとんどの仕事を断っていた時期があります。私が中学生のときです。ある日突然、自宅の六畳の和室に、ツマミがたくさんついた、見たこともない機械が四台並んでいて驚きました。シンセサイザーです。当時はまだ、日本にシンセサイザーを知る人はいませんでした。そんな時代に父は、莫大な借金をして、シンセサイザーを個人輸入したのです。

父は購入したシンセサイザーの前でヘッドホンをつけて座り、来る日も来る日も朝から晩まで、何かを一生懸命やっていました。自分で英語の仕様書を読みながら、没頭していたのです。

そうして一年かけてやっとできあがったデモテープを、満を持して日本のレコード会社に売り込みに行ったところ、担当ディレクターはとても興味を持ってくれたのですが、役員レベルの経営会議に上がると、ことごとく却下されたそうです。その理由は「ジャンルがはっきりしないから」。つまりクラシックでもロックでもなく、ジャンルがはっきりしないから、レコード店で置く場所がないということでした。

そうした日本の各社の対応に絶望した父は、アメリカに売り込みに行きました。すると、あっという間に商談が成立して、すぐにアルバム化されました。「月の光」などはアメリカとヨーロッパで大ヒットを収め、ビルボード誌で一位を獲得。日本人で初めてグラミー賞にノミネートされました。そして、スティービー・ワンダーに「最も尊敬する音楽家」と言わしめたり、マイケル・ジャクソンが来日したときに高輪の父の自宅のスタジオを訪問したり、オーストリアのドナウ川の野外コンサートでは八万人を動員したりと、「世界のトミタ」として名をはせました。

皮肉なことに、その後トミタサウンドは日本に「逆輸入」されて、各レコード店の「輸入コーナー」に並べられて販売されました。

〝やるべきこと〟をやるために

私もよく「あなたの専門は情報科学なのか、生命科学なのか、何なのですか」と聞かれることがありますが、その度に父のエピソードを思い出して、勇気をもらいました。日本には、ジャンル分けが好きな人が多いようです。しかし、ジャンルは便宜上のものであり、本質ではありません。父にとっては、クラシックであろうと電子音楽であろうと、〝音〟には変わりなかった。電気も自然の一部であるのだから、既存の楽器と電子楽器を区別するのはナンセンスだとも言っていました。自分の頭の中の音を表現するために、手段にこだわらなかったのです。

シンセサイザーを日本に初めて個人で持ち込み、使いこなした父には、「前衛的な音楽家」とのイメージがあります。しかし父の目的は、多くの人の心を打つ美しい音楽を作ること。そのためにはシンセサイザーが道具としてどうしても必要だったから使ったまでのことなのです。

同様に私にとっては、情報科学も生命科学もジャンルはどうでもよく、生命の神秘を解き明かすためにコンピュータでもバイオテクノロジーでもあらゆる手段を使う、ということにすぎません。

既成の常識や〝枠〟に囚われずに、信じた道を躊躇なく選択する父の姿からは使命感のようなものを感じました。父は、シンセサイザーを購入するにあたっても、まったく迷いがなかったと思います。自分がやるべきことのためには、シンセサイザーが必要だと信じて、借金して、日本に輸入するのにも苦労して、順調だった作曲の仕事を断って、得体の知れない未知のものを習得しようとした。しかし父にとっては、それは〝リスクをとった〟のではなくて、〝やるべきことをやった〟ということだったと思います。

誰にでも人生の岐路はあると思います。頭では〝やるべきだ〟とわかっていることを、本当に実行するかどうかで迷うときです。私は、これまでの人生でそういう岐路に立ったとき、迷うことなく勇気を持って実行することを選ぶことができました。それは間違いなく、父の背中を見ていたからです。

冨田勲は、晩年も映画音楽などの作曲家として活躍し、日本アカデミー賞の最優秀音楽賞を受賞したりしました。二〇一六年に八四歳の人生を閉じましたが、二〇二一年の東京オリンピックでも、開会式の大坂なおみさんの聖火点燈の音楽は冨田勲の「日の出」、閉会式の聖火消燈も冨田勲の「月の光」でした。二〇二二年の北京オリンピックで羽生結弦選手が四回転半に挑戦したフリー演技の音楽は、冨田勲の「天と地と」でした。

ちなみに私は、音楽の才能を父から引き継ぐことはできませんでした。残念ながら遺伝しなかったみたいです。三歳の時からピアノとバイオリンの「英才教育」を受けた記憶がありますが、練習が嫌で嫌でたまらず、結局芽が出ず、小学校五年の時に英才教育は事実上終了しました。そしてその後、私はゲーム少年として様々なゲームに没頭し始め、結果として父とはまったく違う道を歩くことになったのです。

7　「休みの日にしていること」をとことんやってみる

徹底的にやってみればヒントが見えてくる

ここまで「好きなことに没頭したり究めたりすること」の楽しさ、ひいてはそれが社会貢献につながるかもしれないことを、私自身の体験を紹介しながら述べてきました。でも「好きなことなんて特にない」、あるいは「将来やりたいことも、まだよくわからない」という若者も少なからずいると思います。

そんな人には、まずこう質問したいと思います。

あなたは休日、どんなふうに過ごしていますか？

例えばずっとオンライン動画などで映画を観ているのなら、「映画が好き」なのではないでしょうか。休みの日なのに、時間を忘れて何かをやり続けているということは、すなわちそれがあなたの好きなこと。「自分が熱中するもの」「やりたいこと」といえると思います。

私の場合は、小中学生の頃没頭していたのは将棋だったことは、先にお伝えした通りです。母に「ごはんよ」と呼ばれても聞こえていないくらい熱中していましたからね。

ぜひ、その「休日でもやっていること」を深掘りしてみてください。「映画を観ること」ならば、いろんな映画を徹底的に観てみる。「いいな」と感じたジャンルの映画を、また徹底的に観まくる。中途半端ではダメです。例えば一〇〇本観るとか、〇〇年以降のそのジャンルの映画を全部観るとかです。ジャンルでなくても「この監督の作品はいいな」と感じたら、その監督の作品を全部観る。あるいは好きな俳優の主演映画を全部観る。目標を立てて深掘りしてみてください。

そうすれば、「〇〇の映画を全部見ました!」「この〇〇の映画については誰にも負けません!」というくらいになって、俄然、おもしろくなってくるでしょう。中途半端にではなく、周りの大人に「へえ、すごいね!」と言わせるまでです。

映画を徹底的に観ていると、やがて「この迫力ある映像はどうやって作っているのだろう」「そもそも初期のSF映画ってどんなものだったんだろう」「外国の映画を日本で上映するにはどんな手続きが必要なのかな」といった興味が湧いてくるかもしれません。

つまり、映画に使われているテクノロジー、映画の歴史、上映権や著作権など法律と映画……といった「映画と〇〇」へと関心の幅が広がっていきます。

それらは、好きな「映画」に絡んだことなので、調べたり学んだりするのは苦にならないはずです。むしろ、「こうなっているんだ！」と新たな発見を楽しむことになるでしょう。

ほかにも、例えばサッカーが大好きな子なら、サッカーを切り口にスポーツ科学やスポーツビジネス、それに国際関係などに関心を持つようになるかもしれませんし、絵を描くことが大好きな子なら、「絵を描くこと」そのものだけではなく、好きな画家の絵を見ることや絵の歴史や文化、さらには絵を描く道具にハマるかもしれません。

私自身、将棋やトランプなどの古典的なゲームからインベーダーゲームにハマり、それを徹底的に極めた結果、「ゲームを自分で作れないか」との思いに至り、コンピュータの道に進みました。つまり、何かをトコトンやることで、「やりたいこと」のヒントが見えてくるのです。

というわけで、「自分は何が好きなのかよくわからない」という人は、「休みの日にしていること」をヒントに、徹底的に何かを深掘りしてみてください。

興味が複数ある場合は？

逆に、複数ある興味からひとつに絞るべきか、すべての興味を一通りやってみるべきか悩むこともあるかもしれません。これについてはどちらでもいいと思います。やれるものからやったらいいでしょう。

例えば、興味があることが五つあったとして、その五つのことについて同じくらいのチャンスが同時にくるということは滅多にないと思います。ですから、「一通りやる」ということは念頭に置きながら、いま一番やりやすいタイミングのものから手をつけてしばらくやってみる。

それを一旦横において次のことをやる、ということもありですし、最初にやってみたものがものすごくおもしろかったら、そのままそれを突き詰めてやるのもいいでしょう。

最初はおもしろいと思っても、徹底的にやってみないと本当に好きかどうかはわからないものです。とことんやっているうちに、飽きてしまうかもしれません。やってみて「これは違うな」と思ったら、やめてもいいのです。ただ、気まぐれにやめるのではなく、よくよく考えて「これは違うな」「やめたほうがいいな」と確信を得てからやめるようにしてください。

「これはやったほうがいいと思うけど、どうしよう」と迷う場合は、まずは一回やってみるといいと思います。一度やったらその道をずっと突き進まなくてはならない、なんてことはありませんし、途中でやめたとしても費やした時間は無駄ではありません。自分で考え、自分で行動し、自分でやめると決めたのですから、それはそれで大切な試行錯誤のひとつですし、その過程で得るものも大きいはずです。

8　好きなことを伸ばせる環境づくり

教育の役割とは、子どもや生徒の「好きなこと」を伸ばせるような環境を用意することだと思います。私の場合は鶴岡に赴任後、ある試みをすることにしました。バイオサイエンスに興味がある高校生に、好きな研究に没頭できる環境を整えてあげる、ということです。

具体的には、地元鶴岡の高校生を「研究助手」や「特別研究生」として、私たちの研究所で活動してもらうという制度をつくりました。

「研究助手」という制度

「研究助手」というのは、慶應先端研に隣接している鶴岡中央高等学校の生徒を対象に、毎日放課後、研究所に来てアルバイトをしてもらう制度です。最先端の研究所でも、高校生にできる仕事はたくさんあります。高校生にできる仕事は高校生にやってもらうほうが、お互いにとって良いことでしょう。

募集のチラシには、「U18　研究助手募集」、「最先端の研究プロジェクトで働いて、一緒に『世界初』を発見しよう！」という文言を織り込み、学校を通して全校生徒に配布してもらいました。初年度の二〇〇九年には四人の生徒を採用し、その後毎年六〜一二人の研究助手が任用されています。

研究助手となった高校生たちは、研究者のもとで実験器具の洗浄や、微生物へのエサの投与（これはすなわち、「微生物を培養する」ということです）など様々な業務をしています。だんだんクリエイティブな仕事に従事してもらうこともあります。研究助手が関わった研究成果が共著者として論文発表、学会発表されるなど、研究プロジェクトに大きく貢献することもあり、高校生たちの自信と誇りにつながっているのは言うまでもありません。

この体験を通して高校生の意識も変化してきているようです。ある研究助手の高校生は、「失敗して、それを隠していても何にもならないし、早めに次の手を打とう。くよくよしている暇があったら次にトライしようと、ポジティブ・シンキングに変わった」と感想を述べています。そして、もちろんこの研究助手での活動をきっかけに「もっと研究をしてみたい！」と、大学でも研究を続けたり、研究者の道を歩んだりしている生徒も少なくありません。

「受験勉強をしない」という条件

一方、「特別研究生制度」は、二〇一一年に開始し、毎年六～二〇人程度が特別研究生として活動しています。研究助手との違いは、慶應先端研の施設を使って、自分で決めた研究をすることです。一～二年かけて研究成果がまとまったら、科学研究コンテストなどで発表することを目標とし、将来は国際学会で発表し世界的な研究者になることを目指します。

これまでの研究対象の例を挙げると、がん細胞の免疫抑制物質、酒米、環境微生物、クラゲなどさまざまです。中には、筆頭著者として学会発表を行った生徒や、日本進化学会、「高校生バイオサミット」などのコンテストで入賞した生徒も出てきています。

当初は鶴岡南高等学校だけを対象とした制度でしたが、現在は市内のほぼすべての高校から生徒が集まってきます。

特別研究生募集にあたって、三つの応募条件があります。次の通りです。

1. 博士号を取得して世界的な生命科学者になるという強い意欲を持っていること
2. 鶴岡市を世界的な学術文化都市にするという高い志を持っていること
3. 特別研究生に採用されたらその研究成果をアピールすることによって、ＡＯ入試または推薦入試で大学受験するという気概と勇気を持っていることこれは高校生にとってかなりハードルが高い条件ですよね。それでも応募してくる高校生がいるのです。そういう生徒のことを私たちは全力で応援します。

とりわけ、この応募条件の中で一番重要なのが、三番目の「ＡＯ入試で大学受験すること」、すなわち一般入試のための「受験勉強はしない」ということです。つまり、特別研究生になった生徒は、「第一志望から第四志望までＡＯ入試で受ける」ことが条件となります。そのためには、学校の授業はしっかり受けてもらう一方で、放課後に塾に行ったり、学校が主催する共通試験のための補習などには参加しないことを約束してもらっています。

受験勉強する時間があるならば、その分とことん研究をやって、より高い成果を出して、その研究成果をアピールしてＡＯ入試に挑む。それが「特別研究生」の条件なのです。

特別研究生は受験勉強をしない、という条件は私としては絶対に譲れないので、そのことを承知してくれた高校の生徒しか受け入れないことにしています。でも結果的に、市内のすべての普通高校がこの条件を受け入れて特別研究生を先端研に送り込んでいます。

コロナ禍の年度では見送りましたが、毎年五月に、研究助手と特別研究員生の「入学式」を実施しています。当人たちと保護者はもちろん、各校長先生もお呼びしてひな壇にあがってもらいます。そこで私はこんな祝辞を贈ります。

君たちは「受験勉強をしない」という勇気ある選択をしました、と。

こうして先端研はその生徒が好きな研究をとことん追求できるように応援しているのです。

インタビュー
自分の体験・知見を鶴岡に還元していきたい

山形県立鶴岡南高等学校三年（当時）
小林怜奈さん

「個性を伸ばすことが大事」との言葉がきっかけに

私が特別研究生になろうと思った理由はいくつかあります。一年生のとき高校でもらったチラシで研究所のことを知り、「おもしろそう」と見学に行きました。設備が整っていてびっくりしたと同時に、「ここなら好きな研究ができるかも」と感じたのです。私は小さい頃からクモなど他の人が苦手な生き物が好きでしたが、そうした生き物の研究は、高校の部活ではなかなかできなかったのです。また、大学の准教授など専門家がついてくれるというのも魅力に感じました。

そして何より影響したのは冨田さんの、「学校の勉強だけではなく、自分の好きなこと、得意としていること、自分の個性を伸ばすことが大切」との言葉です。

私は中学時代は勉強は得意でしたが、高校に入り「上には上がいる」と思い知らされました。でも、小さいときから人前で話したり初対面の人と話したりするのが大好きだったので、プレゼン力やコミュニケーション力は他の人よりも高いと自負していました。研究生になったらそこを伸ばせるし、それを認めてくれる環境なのがすごくいいなと思ったのです。

ＡＯ入試で受験することなど応募条件は厳しいですが、私にとってはラッキーだなと思いました。勉強で勝負するより自分の得意なこと、好きなことで勝負するほうが将来的にも長続きすると思うからです。一回のテストで合否を決められるというのは、人間性や能力を本当に見てもらえていないように感じます。なのでＡＯ入試に絞って大学受験をすることが条件であることは、むしろうれしかったです。

冨田さんからは、「ＡＯ入試に挑戦することで、高校生のうちから自分のしたいことをしっかり考えることができる。将来のことを考える力がつく。試験で良い点数を取ればいいというのは時代遅れ」と言われ、「勉強も大事だけれど、その通りだな」と感じました。

そうして学校の課題など最低限のことはしつつも「自分の思いを曲げるな」という冨田さんの言葉を力に、自分の魅力に磨きをかけているところです。

コミュニケーションの幅が広がった

特別研究生になると、半年間は基礎コースとして生物の基礎講義を週一回一時間受けます。その後は面談を何回も繰り返してやりたいことを決め、担当アドバイザーが決まります。アドバイザーは准教授などで研究生一人につき一人つきますが、最終的には自分一人で研究します。

当初は深海生物のダイオウグソクムシの研究をしようと思っていましたが、飼育が難しく、クマムシに変更しました。テーマは「クマムシの誘引物質の探索」、簡単に言うと、クマムシがどういう物質を好むかを調べる研究です。クマムシの大きさは〇・五マイクロメートルから一ミリ。歩き方が熊のように見えることからこの名がつきました。乾燥すると〝乾眠〟という状態で何年も生きのびることができ、水をかけると復活する性質があります。凍らせても水をかけると復活します。研究者が少なく、わかっていることも少ないのですが、そのメカニズム解明など大きなテーマにしてしまうと、まだ知識も浅いのでうまくいかないかもしれない。それで、「クマムシは何が好きなのか」という基礎研究をして研究力をつけようと思ったんです。二年生のときに高校生バイオサミットの研究計画部門（これから実施する研究および開始してまだ間もない研究の計画を発表する部門）で発表し、鶴岡市長賞をいただきました。まだ研究結果は出ていませんが、受験が終わったら研究を再開したいと思っています。

研究生となり、研究ができることはもちろん、コミュニケーションの幅が広がったのもうれしいことのひとつです。高校生であれば、ふだん話す大人は親や先生などに限定されてしまいますから。研究所の方々から励ましや専門的な意見をいただくのは力になりましたし、何より楽しくて、コミュニケーション能力がアップしたと感じます。大学の話をしてくれたのも参考になりました。切磋琢磨できる他校の友人ができたのも、研究生になったからこそです。

夢は科学者として鶴岡を牽引すること

冨田さんの話の中で印象に残っているのが「研究者と科学者の違いは何か」という、こんな話です。

「研究者とは研究をする人のことである。一方、科学者とは、研究者でもあり、教育者でもあり、解説者でもあり、経営者でもある。科学を多角的にとらえるのが科学者だ」

私は多趣味で、アートや読書、映画、運動も料理も好き。中学まではバスケ部、高校ではカメラ好きだったので報道部に所属し、文化祭の実行委員長も務めました。校外活動も複数しています。勉強は苦手ですが、興味のあること、できることは人より多いという自覚があります。それならひとつのことを追求する研究者よりも、いろんなことに目を向ける科学者のほうが自分には合っている。科学者になりたいと、そのとき思いました。

高二のころで、ちょうど研究職を目指そうか、でも人と関わることもしたいなと進路に悩んでいたときです。冨田さんのこの言葉がターニングポイントになりました。

大学に入ったらいろいろな授業を受けたりインターンをしたりして、経験と人脈を広げたいと思っています。勉強は……自分で必要性を感じたらします。

夢は科学者になることですが、最終的には鶴岡に戻ってきて、この研究所で活動したいと思います。そして鶴岡を拠点に、鶴岡ならではの、冨田さんが築いてきた、たとえば教育環境の充実などをさらに引っ張っていきたいです。冨田さんはもともと研究をされていましたが、いまは教育をしたり企画をしたりと幅広く活動されていて、まさに科学者です。私は冨田さんのようなキャリアを築きたいと思っています。そう思うのは、何より冨田さん自身がとても楽しそうだからです。今度は私が鶴岡の後輩たちに、私が体験できたことを伝えたり、体験の機会を作ってあげたりしたいと思います。

第3章

「挑戦」の作法

——やりたいことで、やる価値があることなら、やらない理由がない

「好き」をとことん突き詰める。それは本当におもしろいことです。と同時に、そのためには、これまで自分がやったことのないこと、あるいは誰もやっていないことにも挑戦しなくてはならない局面も出てきます。本章ではそのとき、いかに挑むか、そのヒントを紹介していきます。

1　英語は地球人としてのひらがな

留学のために一苦労

近年の社会情勢を見てもわかるように、世界は激動のさなかにあり、日本もそれに巻き込まれています。日本だけで物事が完結することはほぼありません。地球全体で捉えることが必須になってきていますし、多様な価値観をもつ世界で生き抜くには様々な力が必要です。そうした中で私が欠かせないと痛感しているのが、やはり「英語力」です。やりたいことを実現するためのひとつのツールとして、高校でも英語だけはしっかり学んでおくことがとても大切だと思っています。

というのは、こんな私のつらい経験があるからです。

第2章でお伝えしたように、私はＡＩを学ぶため、アメリカ留学を決めたのですが、その際に壁となったのが英語力でした。

私は中高大と一貫教育だったので、受験勉強をしておらず、中高生時代はずっと英語の勉強を適当にサボっていました。「アメリカの大学院に留学してAIで博士号をとる」という大きな夢を抱いて初めて、本格的に勉強し始めたのです。

アメリカの大学院に出願するには、GREという大学院入試共通テストとTOEFLという英語のテストを受けて、スコアを送らねばなりません。この二つは日本国内で受験可能で、かつ一年間に複数回の受験機会があります。

ほとんどの大学院ではTOEFLで五五〇点*以上ないと出願すらできません。まずはTOEFLの模試を受けてみたら、遠く及びませんでした。

暗記科目である英語が嫌いで勉強をサボってきたツケが、ここで回ってきたのです。しかしTOEFLで五五〇点をとるためにはやるしかないので、英語の勉強に本腰をいれることにしました。

TOEFLのスコアを上げるためには、なんだかんだいっても結局は単語数、語彙数を増やさなければいけません。語彙数を増やすには、暗記するしかありません。地道な努力が必要なのです。「今こんなにやらなければならないのなら、もっとちゃんと勉強しておけばよかった」と心底悔いました。

英語ができないというハンディキャップ

丸一年かけて勉強して、やっと五五〇点ぎりぎりを獲得し、カーネギーメロン大学に留学することが決まりました。渡米後は順調に英語力を獲得し……と言いたいところですが、やはり英語に関しては苦労の連続でした。

もっとも、買い物や郵便局といった日常生活での会話は、困るといってもたかが知れています。会話のパターンが大体決まっているので、二カ月もするとスーパーやレストランでの日常会話にはあまり困らなくなりました。

問題は大学の授業と、研究室でのディスカッションです。授業についてては最初のうちは、さっぱりついていけませんでした。もっともアメリカ人でさえふつうに「難しい」授業なのですから、その上英語がよくわからなかったら、ついていけっこありません。そもそも先生が黒板に書いた文字がぐちゃぐちゃして読めないのです。スペルが読めないから辞書を引くこともできません。

だから、授業の前にはしっかり予習をしていかないと、授業に出ても何が何だかさっぱりわからないので、時間のムダになってしまいます。

＊当時のPBT（Paper-based Test）での基準点。現在のｉBT（Internet-based Test）換算で八〇点。

先生の中には、冗談を頻繁に交えながら、おもしろおかしく講義する方がいます。そのような先生はアメリカ人学生には人気なのですが、私にとっては最悪でした。ユーモアに富んだ先生であればあるほど、何を言っているのかまったくわからないのです。数分ごとに笑いがドッとあふれる教室の中で、私一人疎外感に襲われていました。

みんなが笑っているのに一人だけ笑わないと変に思われるだろうと、わかったふりをして私も作り笑いをしていました。何がどうおもしろいのかわからずに「ハハハ」と笑っているうちに、だんだん自己嫌悪に陥っていきました。授業がきちんと理解できるようになったのは二年くらい経ってからだったと思います。

授業よりもっと困ったのはディスカッションです。授業であれば意味がよく理解できなくても、作り笑いをしたりしてわかったふりができますが、ディスカッションではそうはいきません。相手の言ったことが理解できなければ先へ進めないのです。

わからなければわかるまで聞き直すのですが、何度も何度も聞き返されると、どんなに心やさしい人でも、だんだんいらいらしてくるものです。ですから、聞き返してもよくわからなければ、「大体こう言っているのだろう」と推測してディスカッションを進めざるを得なくなります。

二人だけでディスカッションしているときはまだマシなのですが、とくに大変だったのは、多人数でディスカッションするときです。私が聞き返す間もなくアメリカ人同士でどんどん話が進み、私はすっかりおいてけぼりです。

だからといって黙っていると、変に思われます。日本と異なり、その場にいるなら意見を言うのは当然の文化だからです。黙っていると「自分の意見がない人」というレッテルを貼られてしまいます。

私が発言した直後に異論が出たときは本当に困りました。私はすぐに反論したいのだけど、頭の中で整理してからでないとうまく言葉が出てきません。その間に他の人が発言してどんどん議論は進み、反論の言葉が浮かんだときには、すでに別の話題になっている……ということも多々ありました。

私がディスカッションでみんなとなんとかまともに張り合えるようになったのは、四、五年経ってからだったと思います。

またアメリカの授業ではたくさんの宿題が出ますが、それとは別に「リーディング・アサインメント」といって、テキストや論文の何章と何章を読んで理解してこい、という課題がたくさん出ます。辞書を引きながら読むと、アメリカ人の数倍の時間がかかりました。アメリカ人なら三時間で読み終える論文を、私は一〇時間以上かけないと読み終えられなかったのです。

読むのに必要な時間がアメリカ人の二倍くらいというところまで短縮できたのは二年後くらいだったでしょうか。留学においては、「読むのが遅い」ということは、ものすごいハンディキャップだということを思い知りました。

好きでも嫌いでも必要な「英語」

「書けない」苦しみもイヤというほど味わいました。学期末のテスト問題の半分以上は記述式だったからです。

「〜なのはなぜか」という問題が出ると、いちいち文体を組み立てていく時間はないので、思いついた先から書きなぐっていました。答えがはっきりわかっている場合でも文章に書き表すのは大変ですが、答えがよくわからなかったときは完全にパニック状態になりました。

あるとき、ダメもとで、学部長に「これは語学の試験ではないのだから日本語で答えてもよいのでは？」と交渉してみました。やはり、「英語で出題し、英語で解答する」という基本姿勢は崩せないということでした。しかし驚いたことに、試験中に辞書は持ち込んでもOKということになったのです。何ごとも交渉してみるものですね。もっとも試験中は辞書で調べる時間などなく、ほとんど役に立ちませんでしたが。この「書く」も、四、五年後くらいには少しはラクになりました。

このように、「聞けない」「話せない」「読めない」「書けない」の四重苦を克服するまでに、留学して四、五年の時間を要したのでした。

以上は私の留学に際しての英語力のなさに起因する苦労話ですが、これからの時代、地球人としての共通語は英語です。特にサイエンスの分野では、論文も学会発表もすべて英語で行います。二〇カ国語を使いこなせるけれど英語だけできない人と、英語しかできない人を比べた場合、圧倒的に後者の方が有利です。日本人の私にとってはとても残念なことですが、日本語はもちろん通用しません。

サイエンスの分野でなくても、海外に一歩出たら、空港でもホテルでも会議でも交渉するのも契約するのも苦情を言うのも、ほぼすべて英語です。日本人がひらがなを必須とするように、英語は地球人のひらがななのです。あなたの人生において、今後死ぬまで日本人以外を相手に仕事をしない、ということはおそらくあり得ないでしょう。

日本の学校で学ぶ英語は役に立たない、とよく言われますが、そんなことはありません。学校で学ぶ英語も英会話教室で学ぶ英語も、どちらも同じ英語です。その英語を嫌いだからといってサボっても、それは問題の先送りに過ぎず、いつかはツケが回ってきて勉強せざるを得ないときが来ます。英語は地球人としての「しつけ」です。好きでも嫌いでも英語の勉強は必要だということを、ぜひ覚えておいてほしいと思います。

2　前例のないことをやるには、まずやってしまうこと

第1章で、「大企業病」について触れました。大きな組織や歴史のある組織ほど、これまでの成功体験があるため、新しいことに取り組む際は慎重になりがちです。「前例がない」と一蹴されてしまい、変革を起こす機会が失われてしまいます。しかし、誰かが「前例のないこと」をやらねば、いつまでたっても進歩しません。

では「前例のないこと」をするには、どうすればよいのでしょうか。

それは、「まずやってしまう」ことです。

私の実体験をお伝えしましょう。

教授兼医学部の大学院生に

慶應ＳＦＣの環境情報学部助教授として着任するため、私は、一九九〇年にアメリカから帰国しました。三三歳のときでした。コンピュータサイエンスの教員として採用されたのですが、アメリカで生物学に目覚めた私は、その勉強も続けたいという思いを秘めていました。

調べてみると、慶應義塾大学医学部にも分子生物学の講座がありました。アメリカの大学では教員が他学部の授業を学ぶ制度がありましたから、日本でも可能だろうと思い、大学の事務室に出向きました。

「すみません、医学部の授業を履修したいんですが、どういう手続きをすればよいですか?」

そう聞くと、「教員が授業を履修するという、そんな制度はありません」と事務の人に素っ気なく言われましたが、私は引き下がりませんでした。

「大学の教員は、勉強するのも仕事のうちなのに、他学部の授業を受けられないのはおかしくないですか?」

「勉強することは非常に結構なことだと思いますが、そうした制度はありません」

「じゃあ、どうしたらいいでしょうか?」

「大きな声では言えませんが、モグリでとっていただくか、その担当教員がいいといえば聴講してはどうでしょうか。ただ正式な科目としての扱いではないので、単位は授与できませんが」

たしかに、その通りかもしれません。しかし私は自分の性格をわかっています。正規科目として単位取得などの達成目標がないと、取り組む上で優先順位が下がってしまうだろうと思いました。

「モグリで受けることは自分にはできません」と事務局の人に伝えると、「であれば、正式な学生になっていただくしかないですね」と返されました。それで「どういう意味ですか?」と尋ねると、「ですから正式な入学試験を受けていただき、合格したら授業料を払っていただくということです」と言うのです。

ええ? と思いつつも引っ込みがつかず、「わかりました」と答えて、その足で博士課程の入試の過去問が置いてある図書館に向かいました。

大学院、それも博士課程の入試なので、きっと面接重視だろうから、入試のための勉強も必要ないだろうと高をくくっていたのですが、過去問を見て、そう甘くないことを知りました。語学の筆記試験があったのです。しかも二つの言語です。

一つは英語です。これはアメリカに滞在していたので問題ないと思ったのですが、第二外国語として、ドイツ語かフランス語のどちらかを選んで受けなくてはならないことが、大きな問題でした。

高校三年と大学一年の時にフランス語を選択していましたが、すべてきれいに忘れてしまっていました。とはいえ見ず知らずのドイツ語で受けるわけにもいかず、フランス語を選択するしかありませんでした。

まさか医学部の博士課程の入試で、フランス語ができないからといって落とすことはないだろうと思いましたが、〇点の人を合格させたら試験をやる意味がなくなりますから、〇点はさすがにまずい。なんとか三〇点くらいは取ろうと三週間、フランス語を猛勉強しました。

過去問を見ると、フランス語の論文を日本語に訳す「仏文和訳」という問題形式でした。辞書は持ち込み不可だったので、単語は覚えるしかありません。専門用語や長い名詞は、英語に似ているのでなんとなく想像できる可能性がありますが、特に覚えるべきは、前置詞や接続詞や助動詞や副詞です。これらがわからなければ、さっぱり和訳しようがないからです。

そこでフランス語の単語帳をつくり、二週間かけて三〇〇単語を覚えました。そしてなんとか無事に医学部大学院に合格することができました。三六歳のときでした。

こうして私は「現役の教員が給料をもらいながら、現役の大学院生をやる」という前代未聞の身分になりましたが、「そもそもそんなのアリなのか」と大学の理事会で議論になったそうです。他学部で勉強する、ということ自体はとても良いことだけど、そういう制度もないし前例もない。他大学の学生になるというのであれば、見て見ぬふりをすることができたのでしょうが、同じ大学内となれば、見ぬふりをして知らないとは言えない、と。

そのときに出た結論が「認めるわけではないが、ダメだとは言わない」だったそうです。

おおっぴらに「いいよ」とは言えないけれども応援しようじゃないか。そんな気持ちを、大学側の人たちは持ってくれていたようです。折衷案としてそうした結果となり、私はそれをゴーサインだと判断しました。

授業料と入学金を払ってしばらくしてから、大学本部から電話がありました。

「検討の結果、入学金はお返しすることになりましたので、振込口座を教えてください」と。

それで入学金三〇万円が返ってきました。うれしかったですね。戻ってきた金額云々ではなく、これは「頑張れよ」という大学側のメッセージだと感じたからです。

長期的な視点も大事

このことに関連して、私は当時の学部長の相磯秀夫先生に二回相談しています。

一回目は、「自分のゼミで生命科学をテーマにしていいか」ということ。情報科学を教えるために採用されたこともあり、自分の思うところをきちんと伝えておきたかったのでした。そうしたら相磯先生は「新しい分野に挑戦することは、たいへんけっこうなことだ。どんどん、やってくれ」と発破をかけられました。

二回目は、医学部を受験するときです。

「医学部の博士課程に入学して、本格的に分子生物学を学びたいのです。この間、助教授としての仕事は今まで通り行います。でも論文などの研究成果はしばらく出すことができません。よろしいでしょうか」と私が言うと、学部長はこう答えました。

「冨田君、何をそんなケチなことを言っとるか。四年間論文が出ないから何なんだ。新しい分野を究めるには、時間がかかるのは当たり前。四年間論文が出ないことを気にしてどうする」

こうして背中を押していただき、私は大学教員でありながら、医学部の大学院生という二足のわらじを履くことになりました。もちろん助教授としての仕事はすべて今まで通りしっかりやる、という条件です。

もし、毎年研究業績を評価されるしくみだったら、新たな分野にチャレンジすることはできなかったでしょう。短期的に成果を出すことも必要かもしれませんが、一方で五年、一〇年と長期的な視点で取り組まねば出せない成果もあるのです。

周囲から応援されるように進めよう

医学部在学中には実習もあり、試練はありましたが、しっかり学ぶことができ、本当によかったと思います。分子生物学そのものの学びの獲得はもちろん、加えて、新宿区信濃町にある医学部の文化と、藤沢にあるＳＦＣの文化がまったく違うことを感じることができたのも、いい経験でした。人間の幅が広がったと思います。

ちなみに私は、「医学部の博士課程の入試科目にフランス語があるのはおかしいのでは」とずっと言い続けていました。だからなのかはわかりませんが、ある年から入試科目から第二外国語がなくなりました。

こうした私の実体験からいえるのは、前例のないことをやるには、そのための制度やルールの整備をしようとするのではなく、まず、やってしまうこと。ただしそのときに周囲から応援してもらえるような大義名分をしっかり持っていること。周りから総スカンを食ったら、その取り組みはただのルール違反です。周囲が応援してくれるなら、堂々とやりましょう。前例がなくても、まずやってみる。イノベーションとは、そうやって生まれてくるものだと思います。

3　二〇年後の未来をときおり考えよ

オンリーワンの研究を全否定された

私がSFCの環境情報学部で教員をしながら医学部大学院に入学したのは一九九四年で、卒業は一九九八年です。このころは、大腸菌や酵母菌など様々な生物のDNA配列について世界中の研究者が調べていて、その情報がデータベースに蓄積され始めていました。そのため、すでにかなりの量のゲノム情報があったので、それらをコンピュータで解析し、そこに発見があればまとめて学会で発表する、ということを続けていました。

こだわったのは、そういった研究成果を、情報科学ではなく生命科学の学会で発表するということです。情報科学の学会であれば、そこそこ顔も広かったですし、そこでゲノム解析を発表したら「おもしろいですね」と受けるのはわかっていました。しかし、自分がいま研究室でやっていることは、情報科学ではなく生命科学であり、「私たちは生命科学の謎を解き明かす研究をしているのだ」という矜持のようなものがありました。だから、情報科学の学会ではなく、分子生物学会などの生命科学の学会で発表することにこだわったのです。

分子生物学会で発表したときのこと。生物学の重鎮の偉い先生が、私たちのコンピュータを駆使した研究発表を見て、とても批判的でした。

「生物学というのは実験してなんぼの学問だ。データベースを解析しただけなんてけしからん。そして生物学は仮説検証型の学問だ。本来、まず頭を使って仮説を立て、その仮説を検証するために実験をデザインして、そして手を動かしてデータを収集し、それを解釈して結論を出す。それが、研究者の醍醐味なんだ。冨田さんのように、まずデータを解析して、そこからコンピュータで何かを見つけるというのは、それは生物学じゃない」と、全否定されたのです。

未来を考えながら挑戦することは楽しい

私のアプローチは「データドリブン」というものです。まず収集できるデータを全部収集して、そのビッグデータを解析して仮説を見つける手法で、仮説検証型の真逆です。しかしその重鎮の先生によると、これは「生物学ではない」ということです。

そしてたちの悪いことに、このように批判する人は、教員である私には直接言わず、私の学生たちに耳打ちをするのです。学会終了後、研究室のメンバーで居酒屋で打ち上げをしたとき、何人かの学生がべそをかいていました。事情を聞くと「○○先生に、『君らがやってるのは生物学じゃない。そんな研究室にいても将来なんてない。そもそも冨田さんは生物学者じゃないからね』と言われちゃいました」と心細げに言うのです。

私は、仮説検証型の生物学ももちろん重要だけれども、これからの生物学は、主流はデータドリブンになるし、ならないわけがないと確信していました。だから何を言われても全然平気でした。しかし学生たちはそこまで自信がありませんから、不安になってしまいます。そこを勇気づけることに私は一番エネルギーを使いました。

ふつう、学会の重鎮にそこまで批判されたら、しょげてしまうか、逆に怒るかどちらかですが、私はどちらでもなく、その先生に対して「哀れみ」を感じました。「ご自分が長年やってこられた生物学の価値観に縛られて未来を見通せず、他人を批判するなんて哀れな人だな」と。

ちなみに、現在の生命科学の多くはデータドリブンになっています。生物という複雑なシステムを理解するためには、まず大量の生体データを取得することは、もはや常識です。未来を考えながら挑戦することは、おおいに意味があるし、実に楽しいことです。

4 「ふつうだね」と言われたら全否定⁉

研究所に「温泉」をリクエスト

教員でありながら学生として学んでいたり、「生物学ではない」と一蹴されたデータドリブンという手法で生物を研究したりと、前例がないことをやり続けていた私は、二〇〇一年、山形県鶴岡市に慶應大学が新しく開設した先端生命科学研究所の初代所長に任命されることになりました。開設前、理事から所長を打診されたとき、私は「所長任期は何年ですか？」と確認しました。すると、「任期なんて言わずにできるだけ頑張ってくれ」というのです。

「いいえ、二年でも五年でも一〇年でもいいので任期を設定してください。任期中は全力を尽くします。任期が終わった時点で私を評価して、所長を継続するか解任するか決めてください」と伝えました。

そして重要なのはその先です。私はこう言いました。

「その代わり、任期中は好きなようにやらせてください」

すると理事は困惑した表情になりました。「冨田君はやる気だから、なるべく長くやってもらいたいが、好きなようにやらせて大丈夫かな」と思ったのでしょう。その当時私は四二歳と若かったのです。

理事からは「即答はできない」と言われ、一週間後にもう一度お会いしたときに「任期については、慶應と山形県と鶴岡市との協定が五年だからまずは五年間やってくれないか」と言われました。

「わかりました。五年間は私の好きなようにやらせてくれるんですね」

「まあ、そうだ……」

そこで私が最初にリクエストした内容はこうでした。

「では、研究所に温泉を引いてください」

すると理事は間髪いれずに、「何を言っているんだ、ふざけるな!」

たしかに〝ふつう〟に考えれば、そうかもしれません。私は、すぐにこう言いました。

「いま、先生は一秒で私の提案を却下なさいましたね。いまの提案を一秒で却下するようだったら、慶應が山形県に研究所を作ってもうまくいきませんよ」

その理事の先生とはすでにかなり親しい間柄になっていたためそんなことが言えたのですが、今考えればずいぶんすごいことを言ったものだと感じます。「そうはいっても、この研究所は公的資金(税金)が入っている。これで温泉を掘るなんて、納税者にどう説明するんだ」

「もし税金の無駄使いだ、と抗議する人たちがいたら、ぼくに二〇分時間をください。必ず説得してみせる自信があります」

「どうやって説得するんだ？」

私は次のような話をしました。

欧米先進国の大学や研究所はほとんどが地方都市にあります。そして大学キャンパス内にはテニスコートやプール、レストランやバーまであります。ゲームセンターを備えているところもあります。それらをすべて含んで「アカデミア（学術研究機関）」なのです。

ところが日本では、学園都市というと研究施設の団地みたいな、素っ気ないところが多い。アメニティ（快適環境）にお金をかけるというマインドがなく、「税金の無駄使い」と考えられています。

だから日本のサイエンスは躍進しないのです。サイエンスにはワクワク感が必須のものなのです。もし温泉設備についてけしからんと抗議されたら、「いまの日本のサイエンスに足りないのは、これなんです！」と言って、温泉を指さす――いまでも私は本当にそう思っています。

結局、そのとき温泉を掘ることは実現しませんでした。しかし、工事の見積もりはとってくれて、本気で検討してくれていることがわかってうれしかったですね。掘削工事もさることながら、ランニングコスト（維持費）もかなり高いことがわかり、さすがの私も温泉は断念したのでした。

その代わりにジャグジーが設置されました。温泉ではなく水道水のお湯ですが、ジャグジー付きの研究所というのは、おそらく世界中でも他にはなかったのではないかと思います。

ふつうではない研究所

ジャグジーがあると、見学者に研究所の姿勢を伝えやすいのです。どういうことか、説明しましょう。

就職活動や転職活動などの一環で、若手研究者が見学に来ます。ジャグジーを見ると、もれなく、皆さん一様に驚きます。

「何だ、この研究所は？　なぜ研究所の中にジャグジーなんかあるんだ」と、内心思っているはずです。

もちろんジャグジーを作った主たる目的は、「ジャグジーに入り、リラックスしていいアイデアを出す」ことですが、加えてこのことが、特に若手研究者に〝安心〟を与えることにつながるのです。

「これは所長の肝入りで作ったジャグジーです」と説明すると、たいてい「どうやって大学上層部を説得したんですか?」と聞いてきます。

そのときに「温泉を引いてほしいと言ったら一秒で却下され、〝だからダメなんですよ〟と訴えた」というエピソードを披露します。すると、「どうもこの研究所はふつうではない。何かとんでもない提案をしても、一秒で却下されることはなく、所長はとりあえず話を聞いてくれそうだ」となるわけです。

つまり、若手研究者は、〝とんでもない〟、〝ぶっとんだ〟、〝ふつうではない〟提案を、自由闊達にできる環境であることを悟ります。「ふつうは〇点」というのが研究所の姿勢です。「ふつうのことは世の中にやる人がたくさんいるから彼らに任せておいたらいい。私たちは、他の人がやらないことをやろう」と。

ですので、「それって、ふつうですね」と言われたら、ここでは〇点、つまり全否定なのです。

ところで二〇一八年、先端研のあるサイエンスパークの敷地内にホテル「スイデンテラス」が開設され、源泉かけ流しの温泉露天風呂がついに実現しました。サウナシュラン二〇二一にも選ばれたフィンランドサウナも完備しており、ふつうではない宿泊施設です。

5　「これは違うな」と思ったらやめていい

厳しい条件の理由

第2章で、先端研の特別研究生制度についてお伝えしました。特別研究生に課せられた「三つの条件」はそうとう厳しく、熱意と覚悟のある生徒さんでないと、応募するのに躊躇してしまうかもしれません。

なんといっても、「受験勉強をしない」ことを求められ、かといってＡＯ入試で必ず大学に合格できる保証もないのですから。

じつは、このような厳しい条件を設定したのにはワケがあります。

制度をスタートさせた当初、募集をかけると、多いときは数十人の応募がありました。設備の関係で、半分くらいに絞らねばならないので、面接と小論文で選抜していたのです。

すると、採用された生徒はもちろん喜びますが、一方でそれ以上に、不採用になった生徒のテンションはものすごく下がる、ということに気づきました。

勇気を出して応募して、頑張って面接に臨んだのに、結果は不採用。となれば、どれだけショックを受けることか。そんなことが漏れ聞こえてくるようになりました。
それを聞いたとき、「自分がやっていることは実は罪なことではないか」と思ったのです。私がこの制度を作ったのは、「サイエンスというのはおもしろいものであり、ぜひ自由に楽しく研究してほしい」と思ったからです。学びのテンションを上げるために設けた制度なのに、むしろ希望に燃えた子の思いを砕くようなことをしてしまっているのではないか。下手したら「もうサイエンスはやめた」と思ってしまいかねないのではないか。そう考えるようになりました。
そこで応募条件を思いっきり高くしたのです。そうすれば、本気度の高い、熱意のある生徒しか応募してこないだろうと考えたからです。以前は、「とにかく受けに来て」というスタンスでしたが、この厳しい応募条件を見て応募してきた意欲ある生徒に対しては、面接で意思確認して、基本的にほぼ全員受け入れてきました。そして、半年間はまずこちらの課題に沿って実習していき、そこで「合わない」と思った生徒は、その時点で自分からやめていってもよいと考えたのです。

「夢をあきらめた」のではなく「将来の夢を変えた」

ここで強調しておきたいのは、「半年でやめた」「継続しなかった」ということに対して、ネガティブにとらえなくていい、ということです。

「始めてみたのだけれど、途中でやめた」ととらえてしまうとネガティブですが、そうではなく、「もっとおもしろいことを見つけたから、やることを変えた」ととらえればいい。そうポジティブに考えればよいのです。

この「とらえ方」は、特別研究生の継続に限った話ではなく、何事にも言えることだと思います。たとえば、あなたが「将来の夢は○○だ」と思っていたとします。もし実現しなかったとして、それを「夢をあきらめた」「夢は叶わなかった」ととらえるとネガティブになってしまいますよね。

そうではなく、「将来の夢を変えた」と考えてみたらどうでしょうか。気持ちもポジティブになってきませんか。こうしたとらえ方をすることは、これからの人生でもとても大事だと思います。自分の夢や目標は自分自身で決めることなので、ゴールポストを動かしてよいのです。ゴールポストを動かしても誰からも文句を言われることはありません。

食らいついてしばらくやってみて「これは無理だ」と自分で判断したのなら、目標を変える、あるいは目標を変えなくてもやり方を変えてみましょう。そうやって試行錯誤してみることが大切です。

試行錯誤というと、進んだり後退したり、ということですが、後退するときはうまくいかなくて後退するわけです。それを「失敗」と呼んでしまうと、「失敗を繰り返す」ということになります。聞こえは悪いかもしれませんが、しかし試行錯誤とはそういうものです。

むしろ「絶対に失敗しないように」と舗装道路ばかり歩いていると、その先はみんなが行ったところにしか行けません。それは果たして「自分らしい」のか、立ち止まって考えてみることも必要です。

6　「裏」が出たときのふるまいが肝心

「運」「不運」は平等にやってくる

「失敗」について、もう少し考えてみましょう。若い頃は、いえ若くなくても、何かで失敗したりうまくいかなかったりすると、気持ちが落ち込んでしまいます。自分のせいだと思いがちですが、実は「運不運」の影響がかなり大きいと私は思います。

たとえばどんなスポーツでもそうですが、強いチームが必ず勝つとは限りません。いい当たりの球がたまたま相手正面に飛んだり、相手の球が誰もいないスペースにポトリと落ちたり、そんな不運が重なれば、格上のチームも格下のチームに負けてしまいます。

「運も実力のうち」という言葉がありますが、私はこの考えは正しくないと思います。運とは「人知・人力の及ばないなりゆき」（広辞苑）ですので、実力ではどうにもならないことを言います。だから短期的には「運は天まかせ」なのです。

長期的に見ると、運はみんなに平等にやってきます。一〇〇円玉を一〇回投げると、表が一回しか出ないこともありますが、一〇〇回、一〇〇〇回投げれば、表と裏はだいたい五分五分になります。「ずーっと不運」ということは統計学上ありえないわけで、そう思っている人は、たまにやってくる好運に気づかず見逃しているだけだと思います。

人間だれしも、不運が続くと意気消沈して力が出せず、好運が続くと油断して全力を出さない傾向があります。しかし優勝するようなチームは、ついていないときでも腐らずに全力を尽くし、ついているときでも緩めずに全力を出し続ける。そういうチームが長期的にコンスタントに力が出せるので、トータルで良い結果を残せるのです。

そのことはきっと人生でも同じでしょう。不運が続いて「ここのところ何やってもうまくいかない」と落ち込むこともあると思いますが、人生はトータルでみれば運不運は同じくらいの確率でやってくるものです。一〇〇円玉を一〇〇回投げれば裏表が半々ぐらい出るのと同じです。

ピンチこそ大事

重要なことは、裏が出たとき、つまり不運にも試合に負けたり失敗したりしたときにどうふるまうかということです。負けたときのふるまいにはその人の人間性が顕著に表れます。ふてくされていつまでも引きずって、挨拶もろくにできないような人は社会から応援してもらえません。負けたときも対戦相手に敬意を払い礼儀を尽くし、前向きに行動することができる人は、将来必ずや社会から応援してもらえるでしょう。

慶應義塾大学の元塾長でありスポーツに深い造詣のあった小泉信三も、「Be a good loser」、すなわち「潔き敗者たれ」と言っています。スポーツだけでなく人生でも、誰の目からみても明らかにピンチの状況であるにもかかわらず、明るく前向きに笑顔でふるまえる人はものすごく信頼されます。

試合に負けたときや失敗したときは、自分の問題点を洗い出して分析し、反省するのに非常にいい機会です。負け試合は悔しいですが、そこから学ぶことはとても多く、むしろ大差で勝った試合からは、ほとんど学ぶものはありません。ですから不運が続いて「落ち込む」状態になったときは、「ここが勝負どころ」と思って踏ん張ってほしいと思います。

ひどい落ち込みは「脳内物質が滞っている」と考える

ただし落ち込むにもレベルがあり、うつ病になるなど精神的に病んでしまったら、話は別です。うつ病は脳内の代謝異常であり、「幸せ物質」とされるセロトニンなどの神経伝達物質がうまく脳内を回らなくなったときに発症する病気です。代謝異常ですから薬を飲んで治療することが可能です。食べ過ぎて胃がもたれたときに胃薬を飲むのと同じです。ですからまずは、原因と思われるややこしい問題から離れて休憩し、心療内科の医師やカウンセラーに相談することをお勧めします。

もし「死にたい」と考えるようになったとしたら、自分に生きている意味がない、という問題ではなく、「いま自分の脳内物質が滞っているのだ」とクールにとらえ、その原因を深掘りするのは医師やカウンセラーに任せましょう。

落ち込んでいる人に「頑張れ」という言葉で励ますときは気をつけたほうがいいでしょう。健康人には良い励ましの言葉になりますが、うつ病患者が周囲から「頑張れ」と声をかけられると、余計憂鬱になったり、症状を悪化させると言われています。

人生長いですから、一～二年ぐらい休養することは悪くありません。学校も仕事も忘れて気ままに過ごす。優等生から見ると、なんて非生産的で無駄な時間だと思うかもしれませんが、アップル創業者のスティーブ・ジョブズも、大学を中退した後、インドの片田舎に行って半年間ぶらぶらしていたそうです。「田舎でぶらぶらしていたのはどんな時間でしたか」と聞かれてジョブズは、「とても貴重な時間だった。若い人たちにも強くお勧めします」と答えていました。

7 「正しい」失敗をせよ

うれしいことに鶴岡では、これまでに誰もやっていなかった〝ふつう〟ではない事業が次々と誕生しています。ここではその一例を取り上げ、その事業が世界の関心を集めるようになった経緯を紹介しながら、挑戦するにあたっての作法、心構えについて思いを巡らせていただければと思います。

環境を生かして早い時期から試行錯誤

その事業を興したのは、先端研の真骨頂ともいえる、研究成果をもとに誕生したベンチャー企業で、第1章でも少し触れたＳｐｉｂｅｒという会社です。この会社は、ＮＡＳＡでさえ開発を断念したという「人工クモ糸」の量産技術の開発に成功し、世界から注目されました。

人工クモ糸は、同じ太さなら鋼鉄の三四〇倍の強靭さで、炭素繊維より軽くて、ナイロンより伸縮性があり、耐熱性があり、石油非依存で、生分解性です。そんな夢の繊維を人工的に合成することに成功したのは、先端研の学生たちです。二〇〇七年に一ミリの長さのクモ糸を人工合成することに成功し、それを機に起業しました。

代表執行役の関山和秀くんと技術担当取締役の菅原潤一くんが、SFCの環境情報学部在学中にバイオキャンプ（二学期間または一学期間、鶴岡タウンキャンパスに滞在して重点的に生命科学を学ぶプログラム）に参加し、クモ糸研究に着手したのは二〇〇四年。それぞれ大学四年と大学二年のときでした。

当時、すでにアメリカの国防省やNASAが巨額の研究費を投入したにもかかわらず、量産化に成功していませんでした。それほどクモ糸の人工合成は、困難を極めるプロジェクトだったので、それを大学生がゼロから始めてもうまくいくわけがないと、多くの人は懐疑的だったのはいうまでもありません。

しかし彼らは、並々ならぬ執念で研究を積み重ね、大学院在学中の二〇〇七年に一ミリ、翌年には二センチ、二〇一〇年には巻き取れる長さの人工クモ糸を作ることに成功しました。そして二〇一五年には年間数トンの人工クモ糸を量産できる大規模生産設備が完成。同年、ゴールドウィン社と共同でクモ糸の人工タンパク質繊維によるアウタージャケット「ムーン・パーカ」を制作して発表しました。このことは米国ウォールストリート・ジャーナルに大きく取り上げられ、二〇一六年には英国 Tällt Ventures が「世界で最も革新的なベンチャー」一〇〇社を発表する「ＤＩＳＲＵＰＴ　１００」にも選出されています。そうした実績が認められ、数百億円の資金調達にも成功しました。

多くの理系の大学では研究室に所属するのは四年生になってからです。しかしＳＦＣのカリキュラムは、大学一年生からでも研究に参加できます。関山くんも菅原くんもそんな環境を利用し、早い時期から最先端研究に取り組み、試行錯誤をしてきたことが、いまにつながっているのだと思います。

「使命」を見つける

Ｓｐｉｂｅｒ社の原動力となっているのは、「世界平和のためには資源問題を解決しなくてはならない」という関山くんの強い使命感です。彼のこのチャレンジは、「脱・石油」という人類の大きな課題を解決する挑戦です。Ｓｐｉｂｅｒ社起業当時、この事業が本当に成功するのかみんな懐疑的でしたが、仮に失敗したとしても、それは「正しい挑戦」であり「正しい失敗」なのだという強い信念がありました。石油などの枯渇資源に依存することのないエコ素材の開発は、これからの社会のために誰かがやらねばならないことだからです。仮に失敗したとしても、そこから学ぶことは多く、次のチャレンジに生かせます。

彼自身、「もし仮にこのビジネスが失敗したとしても、意味がなかったとはまったく思わない」と断言しています。利益を目的としたビジネスなら、利益が出なければ「失敗」です。しかし、「社会のために誰かがやらねばならないこと」に挑戦するビジネスであれば、それは「正しい挑戦」であり「意味のある失敗」なのです。

人間は生まれてきたからには、きっとなんらかの「使命」があるのだと思います。それは人それぞれ違いますし、生きている間に見つけられるかどうかもわかりません。でも自分なりの「使命」を見つけた人は、目先の損得ではなく、使命感に突き動かされていくので、一本筋が通っていてとてもたくましい人間だと思います。

「使命」とは「自分が生きている意義」でもあり、それを探すことが人生そのものなのかもしれませんね。そしてその第一歩は、自分の好きなこと・得意なことをとことんやってみること。そうすれば、自分ならではの「やるべきこと」が少しずつ見えてくると思います。

インタビュー

地球規模の問題を解決したい

Spiber株式会社
取締役兼代表執行役　関山和秀さん

人類にとっての普遍的な価値

クモがおしりから出す「クモの糸」。芥川龍之介の小説『蜘蛛の糸』では、地獄に落ちた主人公のカンダタが、釈迦が下ろしたクモの糸をつかんでよじ登るシーンがあります。

これは小説の中の話ですが、実際にクモが命綱として使う糸はとても強くしなやかで、自然界でもっとも強靭な繊維のひとつとして注目されてきました。

私が「人工クモ糸」の研究を始めたのは、慶應義塾大学環境情報学部の学生として、鶴岡キャンパスで研究を続けていたある日の飲み会での議論がきっかけでした。

「地球上で一番強い虫は？」「カブトムシ？」「クワガタ？」「いやいや、スズメバチはゾウを殺せる強力な毒性を持っている」「でも、そのスズメバチよりも強いのは、スズメバチを捕らえるクモだ」「石油を使わずクモの糸を人工的に作ることができれば、世の中に大きなインパクトを与えるのでは」――そんな話になったのです。

周囲は単なる酒の席のネタと捉えたかもしれませんが、私は共同創業者である菅原と、すぐに大学に戻って文献を調べ始めました。クモからクモ糸のタンパク質をつくる遺伝子を取り出し、それを微生物に組み込んで培養することで、その微生物にクモ糸タンパク質を生産させるという方法であれば、実用化が可能かもしれないと考えました。

石油などの化石資源に頼らず、生分解性を持った高機能素材が実用化できれば、資源枯渇や環境問題に、大きな貢献ができるかもしれない。

私は慶應義塾高等学校在学中、授業でルワンダの大虐殺のドキュメンタリーを観て以来、「人類にとっての普遍的な価値」について深く考えるようになりました。なぜこういうことが起こってしまうのだろう。こんなことが身の回りに起こったら、おそらく自分は耐えられない。幸せを感じるポイントは人それぞれだとしても、「平和は人類にとっての普遍的な価値」なのではないかと。

世界人口の八割以上を占める、これから発展していく国や地域の人たちが、日本やアメリカのような国の人たちと同じだけの豊かさを目指したとき、果たして地球の資源は足りるのだろうか。それが足りなくなるとわかった時、誰かに奪われてしまうという不安や恐怖を感じたとき、何が起こるのか。

そのようなリスクを少しでも緩和できること、解決に向けて少しでも多くの貢献ができそうなことに自分の時間を使いたい。そうした思いでここまで突っ走ってきました。

得意なものが何もない高校生だった

実は私は高校時代は理系ではありませんでした。それどころか勉強もできないし、運動もできない。周りの学生と比べて特に優れたところが何もない平凡な高校生でした。ただ、先のドキュメンタリーを観てからは「地球規模の問題を解決したい」という思いだけはありました。

そんな私の思いに火がつき、学びの姿勢も変わったのは、高校三年生のときです。大学進学に向けた学部説明会で冨田さんが取り組んでいるバイオテクノロジー研究の話を聞き、「資源やエネルギー、食料や環境など、地球規模の問題を解決するキーテクノロジーになる」と直感したことがきっかけでした。加えて鶴岡に新しいキャンパスができること、鶴岡でやろうとしていることに興味をそそられました。

絶対に、冨田さんのもとで学びたい。そう決意して、猛勉強の末、環境情報学部に入学することができました。

冨田研究室に入り、初めて鶴岡の地に足を踏み入れたのは、大学一年生のとき。建物を見て「田んぼのフロンティアに研究所がある。ふつうじゃないな、ここは」と感じました。

大学二年からは、SFCの学生を対象に鶴岡で実施しているバイオキャンプに参加し、生活の拠点を鶴岡に移しました。

ただ、「これだったら世界を変えられるのでは」と自分の中でしっくりくるテーマにめぐり逢えずにいました。それで、卒業したらアメリカのハーバードビジネススクールに留学してMBA（経営学修士）を取得しようと考えました。

アメリカであれば最先端のラボもあるし、ビジネススクールへ通いながら、関連研究室で学び新進気鋭の研究者の知り合いをたくさん作ってテーマを見つけ、新しい事業を始められると考えたのです。

そこで三年生になったある日、冨田さんに「推薦状を書いてください」とお願いしました。　すると冨田さんは快諾してくれましたが、「関山くんはどういう人間になりたいの？」と聞かれたので、「ビル・ゲイツとかスティーブ・ジョブズのような世界を動かすビジネスマンになりたいです」と答えました。すると冨田さんの表情が変わり、「ちょっと待って。ゲイツもジョブズもＭＢＡなんか持ってないぞ。彼らは自分の技術をベースにして起業した。関山くんは他人の技術で起業して世界を動かしたいのか。それは残念だ」という言葉が返ってきました。

私は「え？　なんで？　なんで残念なんて言われなくちゃいけないいんだ？」と、驚くというか、あっけにとられました。すると、冨田さんは続けて、

「人のふんどしで勝負するってことなんだね。もうちょっと期待していたけど残念だ」

ムッときて、「本当に一流のところへ行ってみたいんです」と訴えると、冨田さんは「いやいや、ここが最先端で一流だから。ここでテーマを見つけられないのなら、どこへ行っても見つけられないよ」と言うのです。

ディベート状態になってしまい、どちらも引かなかったので、仕方なく私は「じゃあ、考えますけど」と、その場を去りました。もちろん、内心では納得していませんでしたが。

でもその後、冨田さんの言葉を思い出しながら自分自身を振り返ってみると、いろいろな思いや気づきがわき起こってきました。

私はそれまで「自分で研究テーマを決める」なんていうのは、自分のような研究者としての才能も能力もない学生にはできるわけがないと思っていました。しかし、いわゆる世界最先端のところに行けば、自分が求めているテーマがごろごろあるのでは、と「誰かが見つけたテーマ」に期待していたのです。加えて、「鶴岡は日本だし、できたばかりの研究所だし、やっぱり一流のところへ行かなくちゃ」というミーハーな気持ちがありました。

しかし、よくよく考えてみると冨田さんの言うとおりだなと気づいたのです。それで数日後、「やっぱり自分でテーマ見つけようかと思います」と伝えると、冨田さんは「あ、そう」とあっさり返してくれました。

ほんとうにつぶれるまで、ただあきらめなかっただけ

アメリカには行かずに鶴岡で研究を続ける選択をした結果、ある夜の飲み会での会話がヒントになり、「世界を変えられる（かもしれない）研究」へとつながったというわけです。

二〇〇七年、最初にラボで合成できたクモの糸は、「これ、ほこりなんじゃないの？」と嘲笑されつつ、あきらめることなく研究を続け、二〇一三年に「ブルー・ドレス」を、二〇一五年には「ムーン・パーカ」を発表しました。

二〇一九年には、これまで「人工クモ糸」と呼んでいた繊維を、「ブリュード・プロテイン™（Brewed Protein™：微生物で作るタンパク質）」と改称し、次のフェーズに進んだことを宣言しました。

約一五年の開発期間を経て、ここまでできたブリュード・プロテインは、衣料品としてだけでなく、輸送機器の部品や化粧品原料、人工肉への応用など、さまざまな用途に応用できる可能性が見えてきており、世界から次世代素材としての期待がかかっています。

ここに至るまでにはいろんな壁がありました。それでもくじけずに続けてこられたのはなぜか、とよく聞かれますが、「ほんとうにつぶれるまで、ただあきらめなかっただけ」なのです。

会社がつぶれるかもしれないと思ったことは何回もあります。でも、いちいち落ち込んでいてもしょうがない。落ち込んでいる時間があったら、「どうしたらこの危機を乗り越えられるか」ということに時間を使わないともったいない。「やれることはないか」と探してやり続けるしかないのです。

現在、鶴岡サイエンスパーク内の工場のほか、その一〇〇倍の生産能力を持つ工場をタイに作り、二〇二二年七月から商業運転を始めています。さらにアメリカでも鶴岡にあるパイロット工場の約一〇〇〇倍の生産能力を持つ工場の建設準備を進めています。

とはいえ、そのほかの化学繊維の生産量に比べると、これらの規模ははるかに小さく、本当に世の中に大きな貢献をするのであれば、我々にとってはこうした工場もスタートラインにすぎません。

我々が取り組んでいるのは、人類にとってのサバイバルにつながることであり、生き延びるために必要なことです。これからどうなるかわからないからこそ、生き延びる可能性を高めるために、いろいろな方法を試してみなくてはならないでしょう。

もし、我々のやっていることが失敗したとしても、人類全体にとってみれば知見がたまることになります。この時代にこうやってみてダメだったとわかれば、次の時代に勉強した人が、我々の失敗を踏まえて新しい技術を組み合わせて壁を乗り越える。だからうまくいかなかったとしても、やってきたことの意味や価値がなくなるとは思いません。

人類のサバイバルという観点では、我々の技術だけではなく、いろいろな選択肢を持っておくことがものすごく大切です。その選択肢のひとつとして、これからの未来を生きる人たちにバトンを繋げるような存在となれたらうれしいですね。

第4章
「自分らしい人生」とは何か
——理想と現実を見て、ゴールポストを動かしていい

「脱優等生」を果たすこと、それは他人の評価に囚われない「自分らしい人生」を生きることにほかなりません。本書のまとめにあたるこの章では、「人はなんのために生きるのか」という究極の問いにまで思考を広げて、「自分らしい人生」の本質を考えてみたいと思います。それは必ずしも「自分が思った通り」に生きることではなく、むしろ社会との関わりあいのなかで、現実との折り合いをつけながら生きていくことにあるのです。

1　自分が幸せな人は他人を幸せにする使命がある

当たり前のことですが、私たち人間には誰にでも寿命があります。ヒトに限らず生物は、生まれたら必ずその生を閉じる、命を終えるときが来ます。みなさんは、その「命」とは何だと思いますか。これはすごく難しい問いです。

人には三つの本能がある

聖路加国際病院名誉院長の日野原重明さんは「命とは、君たちが持っている時間のことである」との言葉を残されています。さらに、「自分に与えられた命をより大きな命の中に溶け込ませるために生きていくことこそ、私たちが生きる究極の目的であり、永遠の命につながることだと思う」と言っています。

ここでいう「大きな命」「永遠の命」とは、何のことなのか、ちょっと難しいかもしれません。私は「人類全体」「地球全体」「宇宙全体」といったことだと思っています。

つまり、自分の個体としての命は限られているけれど、それは「大きな命」の一部であって、その自覚をもって生きていけば、「大きな命」は「永遠の命」になる、ということです。

それでもまだ、ピンとこないかもしれませんね。

ではここで、少し視点を変えて生物の本能について考えてみましょう。


生物には「個体維持」と「種族保存」の二つの本能があるとされています。ヒトも生物ですから、この二つ、すなわち「死にたくない」(個体維持)と「子孫を残したい、家族を守りたい」(種族保存)という本能が備わっていて、これらの本能は生まれたときからゲノムに書き込まれている、つまりプログラムされているとされています。

この二つに加えて、ヒトには三つめの本能、「社会貢献」があると私は考えています。私たちが「社会に貢献したい」「誰かの役に立ちたい」と思うのは、この本能によるものだと思います。

ヒトは社会性生物です。ですから、みんながみんな自分のことだけを考えていたらヒトという生物種は成り立ちません。役割分担があって、社会を形成し、社会全体で発展してきたのです。

本能ですから、ヒトは生まれつき社会貢献するようにプログラムされている、とも言えます。赤の他人に対して小さな親切をしたときに、「ありがとう」と言われるとうれしく感じるのはその証拠でしょう。自分には直接プラスにならない行為でも、「自分は他人（社会）に貢献できた」という満足感でハッピーに感じるのです。「自己満足」なのかもしれませんが、他人のために貢献したいという欲望が生まれつき備わっているからだと思います。

私が考えるこの第三の本能は、先の日野原さんの「大きな命」「永遠の命」と同じような意味だと解釈できます。すなわち、誰かの、世の中の役に立つということ――言い換えれば、自分の持っている時間を自分のためだけに使うのではなく、誰かのため、社会のために使うことは、永遠の命につながることでもある、ということです。

「自分ファースト」の人生でもいいときもある

一方で、「人は社会に貢献しなければならない」と決めつけるのも少し違うと私は思います。貢献したくても、経済的な理由や健康上の理由で、自分と家族が日々生きていくだけで精一杯、という人は大勢います。もしあなたがそういう厳しい状況になったら、社会貢献は二の次にして、まずは「自分ファースト」で、自分のことに全力を尽くしてください。物事には優先順位がありますので、まず自分と家族が幸せであることが大前提です。自分は不幸だ、と思っているのであれば、まずは自分の幸せを追求してほしいと思います。

一方、もしあなたが「自分はまあまあ幸せだ」と思っていて多少なりとも余裕があるのであれば、その余力を全部自分のレジャーに使ってしまうのではなく、一部は社会のために使う努力をしてください。そのことが結局は自分の幸福感にもつながるはずです。本能ですからね。

福澤諭吉は「他人の迷惑にならない『欲望』は、すべて善である」と言っています。つまり、他人に迷惑をかけない限り、自分の人生なのだから何をやってもよい、という意味ですね。あなたに与えられた九〇年という時間をどう使うかは、あなた自身が自由に決めることであり、法律に違反せず他人に迷惑をかけないのであれば、どんな人生を送ったとしても誰かにとやかく言われることではありません。

自分がやりたいことをやって、毎日おいしいものを食べ、行きたいところに旅行して、毎日楽しい日々を送って人生をまっとうしたい。多くの人がそう思うでしょう。私もそんな人生を送りたいです。

ただ、それがあなたの人生の最終目標なのか、自分に問うてみて下さい。自分の人生を自分のためだけに使って死んでいく、本当にそれで満足な人生といえるでしょうか。

自分の人生を〝よくよく〟考えてみよう

私は初回の授業で、大学生に次のような質問をしてみます。

「自分の人生、自分がハッピーならそれだけでよい、と思いますか」

「よいと思う」という学生と、「そうは思わない」という学生が半々ぐらいになります。そう思わない、という人の意見は「一度しかない人生だから社会に何か価値を残して死にたい」「死んだ後にも名前を覚えてもらうような人生にしたい」などです。

「自分が楽しければそれでいい」という学生に対して、「きみたち、社会に貢献しなさい」というつもりは全然ありません。よくよく考えた上で本当にそう思っているなら、それはその人の人生なのだから、私がとやかく言うことではないし、そのように生きればよいと思います。

ただし「よくよく考える」ということは重要です。あまり考えたことがなければ「自分が楽しければそれでいい」と思いがちです。でもよくよく考えてみると「人生を自分だけのために使う」ことは少し違うかな、と多くの人が思うようになるはずです。

さらには、年齢とともに考えが変わっていくこともあります。若いうちは「自分が楽しければそれでいい」と思っていても、社会に貢献したいという思いは年齢とともに強くなる傾向があります。

福沢諭吉の言葉に「精神の成長とは、私徳（私欲）を公徳（公共心）へと発展拡大していくこと」（冨田意訳）というものがあります。子どものときはみんな、自分のことしか頭になく、社会のことまでは考えないものです。しかし精神が成長していくにつれて、社会への関心が高まり、公徳を考えるようになっていきます。福澤はそれを「精神の成長」と言っています。

三〇歳、四〇歳になって精神が成長してから「自分の人生についてよく考える」というのでもよいかもしれませんが、できれば高校生くらいのときから、まずは「自分の将来、人生を幸せに生きるにはどうすればいいか」、さらに「社会にどう貢献できる人生にするか」ということを頭の片隅に常に置いておくとよいでしょう。

学校を卒業して就職すれば、給料をもらうために上司の指示に従って働くわけですが、ある程度年月がたったら、「上司から言われたことをしっかりこなす」だけでなく、自分がやりたいことやできることを発信して行動に移すことが、自分の人生、ひいては会社や社会を幸せにするために重要なことだと思います。

現実には「明日までにやること」「来週中に終わらせること」をこなすことで毎日忙しいとしても、頭の片隅には「これをやることで、自分は社会にどういう価値を付与しているのだろうか」「そもそもこのビジネスは社会にどう貢献しているのだろうか」と、時折じっくり考えてみることをお勧めします。「自分の人生はこれでいいのか」と改めて見直す機会になるかもしれないし、「会社を通じて自分は社会にこんな貢献をしている」と自分で納得することができれば、それがモチベーションや誇りになって、毎日がより楽しくなるかもしれません。

2 「やりたいこと」と「やるべきこと」を一致させる

「やっていること」が大好きならラッキー

自分の幸せのために追求していることが、同時に将来的に社会への貢献につながるかもしれない――そうなれば、これ以上にすばらしいことはありません。これはすなわち「やりたいこと」と「やるべきこと」が一致しているということです。*

これは口で言うのは簡単ですが、実際にはすごく難しいことです。

一般的には、平日仕事をするのが「やるべきこと」、そして週末に遊ぶことが「やりたいこと」というように、「やりたいこと」と「やるべきこと」は別々です。

一方、まれに仕事が楽しくて大好きという人もいます。ひょっとして私もそうかもしれませんが、仕事が楽しくて休みの日でも関係なく仕事をするような人、やらされているのではなく、自らやりたくて仕事をしている人です。

実際各分野で大活躍している人たちを見ると、やっていることが大好きで、休みなど関係なくやり続けていたりします。オリンピックでメダルを取る選手は、だいたいみんなインタビューで「試合がとっても楽しかった。もっと練習して次の試合も大好きな○○を楽しんできます」と明るく言います。つらい練習を我慢して、歯を食いしばって根性で勝てたのは昭和時代までの話です。やはり自分がやっていることが大好きでないと、トップレベルになれません。実際、楽しんでやると緊張もしないし、良いパフォーマンスができます。スポーツに限らず、どんなことでも「楽しむ」「好き」ということは、トップレベルになるための必須条件なのではないでしょうか。

楽しんでやっている人、好きなことをやっている人は、それが苦にならないので寝食を忘れて取り組み、だからこそ良い結果が出る。そんな正のスパイラルになっているのでしょう。「やりたいこと」と「やるべきこと」を一致させることができた人は、とてもラッキーであり、社会にも大きなインパクトを与えることができる可能性があります。

何事もやってみないとわからない

私の場合は、本書でお伝えしたように、「やりたいこと」は将棋やインベーダーゲームで

＊この言葉は清水浩慶大名誉教授から伺いました。

した。将棋については、中学三年生までにしようと決めて、三段の免状をもらったことを区切りに、そこでやめることにしました。

インベーダーゲームについては、技を考えるなどとことんやり尽くしたこともあり、「今度は自分でゲームをつくろう」と、それを自分の「やるべきこと」だと方向を変えることができました。

このように「好き」なこと、「やりたいこと」をとことんやっていくことで「やるべきこと」が見えてくることがあります。そんな私はとてもラッキーだったと思います。

しかし、「やりたいこと」と「やるべきこと」が一致しない人や、そもそも「やりたいこと」が見つけられない人も大勢います。もしかしたら大半の人はそうかもしれません。

しかし、「どうせ無理」と若いうちから諦めることはやめましょう。それではもったいなさすぎます。チャンスは必ずあるわけで、それがうまくいくかどうかはやってみないとわかりません。

歳をとってもとことん好きなことに熱中する人もいるとは思いますが、多くの場合、年齢があがるとともに色々な社会的制約が加わって、「好きなことに熱中すること」がだんだん難しくなります。

だからこそ、子どものときはもちろん、高校生や大学生のときに思いっきり好きなことをやって、「やりたいこと」と「やるべきこと」について思いを巡らせてほしいのです。そのためにも、本来、「好きなことに徹底的にチャレンジする」ことを善とする文化があるべきです。教科書の勉強も、もちろん悪いことではありませんが、それに比重を置きすぎるのは問題です。学校での半分くらいの時間は、その人その人の得意なこと、好きなことを徹底的にやってみるということがあっていいのではないかと思っています。

3　若いうちはカネ貯める暇があったら友達増やせ

多くの人を巻き込むために

「やりたいこと」「やるべきこと」を実行するとき、なかなか一人ではできません。その社会的インパクトが大きければ大きいほど、多くの人を巻き込む必要があります。ですので、人のネットワークがとても重要です。人とのネットワークというと、顧客や取引先などのビジネスネットワークのことだと思う人も多いと思います。社会においてビジネスネットワークはもちろん重要ですが、これらは通常、利害関係や損得勘定に基づくものです。何かのプロジェクトを一緒にやろう、というときには、メリットとデメリットを考えて、メリットの方が大きければやるし、デメリットの方が大きければ損だからやらない。これがビジネスの基本ですよね。

しかし革新的なプロジェクトを始めるときは、前例がないのでメリットとデメリットがよくわかりません。だから損得勘定では決断できないのです。その場合は何が決め手になるかというと、「この人と一緒に仕事したい」「この人とやると楽しそう」「この人は信頼できる」といった、損得勘定を超えた信頼関係なのです。世の中の大きな決断というものは、かなりの部分、損得勘定を超えた人間関係に起因していると思います。

だから、大きなプロジェクトを動かすためには、信頼できる友人・知人をなるべくたくさん持っている必要があります。大きな人的ネットワークを持っている人は、大きな仕事ができるのです。「知人の知人」とか「親類の友人」なども、人的ネットワークに含めます。そういうネットワークのことを「コネ」「ツテ」と呼んで、あまり潔くないと考える人もいるかと思います。そういう考えもあるかもしれませんが、私は使えるものはすべて使わせていただくべき、という考えです（もちろん人に迷惑をかけず合法なことに限りますが）。

イノベーションは損得を超えた信頼関係から生まれる

とくに学生時代の友人というのは損得勘定が一切ない、純粋なつながりで結ばれています。この結びつきは、年齢を重ねて社会あるいは会社で影響力を持つようになってから、大きく効いてくることがあります。

小中高大の学生時代はただの遊び仲間だった友人が、三〇年経ったら出世してそれなりのポジションになり、「そういえばその会社にはあいつがいたな」と、電話一本かけることで、久しぶりに意気投合して大きな話がサクサク進んで決まることもあります。

繰り返しになりますが、世の中の物事、あるいはビジネスの契約は、普通は損得勘定、メリット・デメリット、あるいはリスクを考えて決まると思われていますし、実際大半はそうやって決まっているでしょう。しかし、前例のない新しい大きなプロジェクトの多くは、損得よりも信頼関係で決まっていくのだと私は思います。

ですから信頼関係を築いた友人をたくさん持っていることは、すごい財産なのです。イノベーションは、損得を超えた信頼関係のある人たちで起こるのです。

友人について福澤諭吉は「顔つきがよく、笑顔であることは、道徳上で一番大切な事柄であり、人間どうしが交際していく上で、最も大切なものである」といった意味の言葉をのこしています。社会を動かすためには、信頼できる友人知人が何人いるかが重要で、そのために必要なのは「笑顔」です。周囲の人とうまく付き合うには笑顔は欠かせません。

そして「若いうちはカネ貯める暇があったら友達増やせ」という意味のことも言っているのです。

4　二〇代の給料は奨学金だと思え

真の「独立」を目指そう

ＡＩが浸透することによって、人間の仕事がなくなると言われることがありますが、ＡＩがどんなに進歩しても人間にしかできない仕事はたくさんあり、それらがなくなることはありません。しかし、誰でもできる仕事や、誰がやっても同じ仕事は、コンピュータや新興国にとって代わられるでしょう。

あなたの仕事はコンピュータや他の人ではなく、「あなた」がやることに価値があるのかどうか考えてみましょう。

「価値がない」と思われれば、ときには会社をリストラされてしまうかもしれません。会社員は会社から給料をもらい生計を立てているので、解雇されると困ります。解雇されないためにはどうすればいいか。あるいは、どんな力を身につけておけばいいか。不安にかられている人も少なくないと思います。

「この人には価値がある」と思われるためにはどうしたらよいのでしょうか。

勘違いしてほしくないのは、自分の社会的価値というのは、他人が決めることだということです。「自分には価値がある」といくら言い張っても、他の人から見て「価値がない」と思われれば、価値はないことになります。

ここで福澤諭吉の教えの根本である「独立自尊」にもある「独立」の意味を考えてみたいと思います。

大学を卒業して企業に就職して給料をもらうようになると、「ようやくこれで独立した」と思う人が多いでしょう。これまでは親に生活費や学費を出してもらっていたのが、会社員になって自分で生活費を稼げるようになったわけですからね。でもこれはまだ「独立」したとは言えません。養ってもらう人が親から会社に変わっただけです。たしかに親からは独立したといえますが、今度は会社に依存しているのであれば独立したとは言えません。

私は学生が卒業する際、はなむけの言葉を述べる機会があるときは、こう言います。

「あなたが就職した会社がいまなくなってしまうと、すごく困りますか？」

仕事がなくなってしまうのですごく困るとしたら、あなたはその会社に「依存」していることになります。よってあなたはまだ「独立」しているとは言えません。

真の独立とは、誰がいなくなっても、その会社がなくなっても、あまり困らない状態になることです。自分に社会的な価値があれば、今勤めている会社がなくなっても、きっと次の仕事はすぐに見つかるだろうから生活の心配はいらないでしょう。

自分の「価値」を高めるために

会社に依存しているうちは、会社や上司に嫌われるととても困るので、仮に正しいことであっても怖くて言えなかったりします。でも独立できている人は、上司にも忖度せずに自分の意見をはっきり述べることができます。この点に関しては、以下の福澤の言葉が的確です。

「独立の気概なき者、必ず人を頼り、必ず人を恐れ、必ず人にへつらう」(冨田意訳)

「へつらう」とは、顔色を窺いながらペコペコする、という意味です。なかなか痛烈ですね。とはいえ、卒業して入社直後に「会社に依存するな」と言われても難しいですよね。社会やビジネスの仕組みもよくわからないし経験もない。であれば二〇代のうちは、「成長の機会」と割り切って、この際、徹底的に会社に依存しましょう。まずは上司や先輩から言われたことをしっかりやる。上司に気に入られるためではなく、自分の力をつけるために必要なステップとしてです。

そもそも「働く」ということは、社会、あるいは会社におけるリアルな課題を与えてくれるということであり、課題をこなしたり解決したりするとそれが評価されます。すばらしい実習をしているといえます。

そうして知見を得たり体験を重ねたりすることが、自分を成長させてくれる。でも授業料を支払う必要はなく、逆に給料をもらえる。とてもありがたいことですね。その意味で、二〇代の給料は、「勤労の対価」だと思わず「奨学金」だと思いましょう。

そういう意識で会社に感謝しながら働いていけば、上司の顔色をうかがう「会社依存人間」にはならないと思います。成長して他者から見て価値があると思われれば、よりよい条件の会社に移ることもありますし、社内で重宝されてよりよい待遇になる可能性もあるでしょう。

その「価値」とは何か。それは人から与えられたり教えられたりするものではなく、あなた自身が考えて作りだすものにほかなりません。

5 「理想」と「現実」の折り合いをどうつけるか、が人生

「最悪の場合」に耐えられるかを考えてみる

好きなこと、やりたいことを続けられ、かつそれが誰かの役に立つなど社会的な価値がある。そうした人生を送ることができればとても幸せですが、とはいえ、「やりたいこと」があっても、やりたいようにやり続けられるかというと、現実にはそうはいかないことのほうが多いと思います。

その場合は、現実と理想の折り合いをどうつけるかが大きなポイントになります。

世の中には、「理想だけ見て現実を見ない人」がいます。私はそういう人は残念な人だと思います。理想は現実から始まるので、現実を見なければ、いつまでたっても理想に近づけないからです。

しかしもっと残念な人は、「現実だけ見て理想のない人」です。今日やるべきこと、今月中にやるべきことなどで日々忙しく、そのときその場の問題に対処しているものの、そもそ

も何のためにそれをやっているのか考えていない。舗装道路からはみ出ないようにすることで頭がいっぱいで、「そもそもどこに向かって走っているのか」を考えていない人は残念だと思いませんか。

現役高校生のある悩みから、理想と現実の折り合いのつけ方を考えてみましょう。

その高校生が抱えているのは、「古文や漢文を勉強しても社会に出たときに役立つとは思えずにやる気が出ない」という悩みです。それは正直な気持ちであり、もし私がいま高校生だったとしても、やはりやる気が出ないと思います。

しかし、試験があるので勉強しなくてはならないという現実があるのなら、考えるべきはその現実をどうとらえるかということになります。この場合は「理想」は「勉強しないこと」となるのかもしれません。

「やる気がないのに無理矢理やっても意味がない」ととらえるか。とはいえ落第すると困るので、及第点スレスレをとる程度に勉強するか。あるいは、やる気を出すように工夫するか。

ここで着目したいのは、高校生本人が「社会に出たとき役立つとは思えない」と感じているということです。ということは、卒業後のことまで少しは視野に入っているのだと思います。だから、「古文や漢文を勉強するのだったら、ほかのことに時間を使いたい」と考えるのでしょう。ぼんやりとでも「こういう人生にしたい」というビジョンがあるのであれば、それは非常に健全です。

したがって、「自分の人生においては、古文や漢文は優先順位が低いから、ほぼほぼもうやらない」という選択もあります。しかし、そうしたときに「どういう最悪のことが起こるのか」ということをきちんと考えるといいと思います。

この場合は「テストで落第点をとる可能性が高くなって、進級あるいは卒業が危うくなる」ということが、「最悪の場合」として考えられます。進級できなくてもいい、という覚悟があるならば、それはそれで本人が決めたことですからその通りにすればいいでしょう。「最悪でもこうだから耐えられる」と思えれば、そう思った通りに別のことに時間を使うのもありだと思います。

しかし、「最悪こうなってしまったら困る」と思うのなら、人生における優先順位が低くても目の前のことをやる以外にありません。やりたくないけれどやらなければいけない場合は、「やらなければどうなるか」の最悪を考えて判断するといいと思います。これは、学業でも仕事でも同じです。

壁は低いところから乗り越えよう

もうひとつ、理想と現実の折り合いをつける際、提案したいことがあります。理想を実現するために壁（＝現実）があるのなら、その壁の「低いところを乗り越えろ」ということです。

理想を実現するために、そこに向けてまっしぐらに突き進むのはかっこいいかもしれません。しかし、「高い壁を乗り越えよう」「壁があっても逃げずに真正面から乗り越えよう」と、根性論的美徳によって非合理的な努力を続けるのは考え直すべきです。壁があったときに何も考えずそこにぶつかっていく、高い壁をあえて越えようとするのは、とても残念なやり方だと私は思います。

目線を高く理想を見て、そして足元の現実もよく見て、乗り越えられそうな低いところから乗り越える。それが一番合理的な方法だと思います。

乗り越える具体的な方法のひとつとしては、第2章でも触れた、過去の文献や教科書を「攻略本」として活用することです。誰もがやっていないチャレンジをするには、まったくのゼロからスタートするのではなく、すでにある教科書を勉強して自分なりに考えていくことが合理的だからです。そうなると、理想を実現するためだと考えると、勉強も意味のあるもの、楽しいものだと思えてきませんか。

答えはあなたの中にある

もし、理想への道がかなり厳しく閉ざされていると思ったら、理想の方向を変えることを考えましょう。自分の理想は自分で決められるものなので、誰からも文句を言われる筋合いはありません。本書を読んできたみなさんならもうおわかりかと思いますが、大事なことなのであらためて言います。自分のゴールポストは自分で動かしていいのです。

そして、夢を追いかけたけれど現実的にはうまくいかなかったとき、「途中で頓挫して諦めた」と表現すればそれはネガティブですが、そうではなく「夢を変えた」ととらえればいいのです。

そうやってときには自分でゴールポストを動かしたり、やり方を変えたりしながら、現実と理想の折り合いをつけていく。それが人生というものではないでしょうか。

日野原重明さんはこうも言っています。

「最期に自分の生涯を顧みて、自らが生まれてこうなったことは意味があると考えられるように、今日を生きることである」

「生きていることの意味は自分で探し勝ち取るものです。それがつまり生きがいにつながります」

私もまったく同感です。

「現実と理想の折り合いをどうつけたらいいですか?」

「生きがいはどう見つければいいですか?」

そう人に聞きたくなるかもしれませんが、模範解答はなく、答えはあなたの中にあります。自分の人生なのですから、自分で考え続けて試行錯誤する。そのこと自体が、自分らしい人生を送っていることになるのです。

インタビュー
どうお金儲けをするかより、どう社会に役立つか

YAMAGATA DESIGN株式会社
代表取締役　山中大介さん

社会人になり初めて人生を熟考する

私はとくに起業に興味があったわけでも、鶴岡に縁があったわけでもありません。むしろ、勤め人として充実した仕事人生を歩んでいました。

でも働く中で次第に、社会で働くことについて疑問が浮かんできました。その疑問が出会いの中でさまざまな化学反応を起こし、私はいま安定した生活を手放して鶴岡へ移住し、さらには起業するという、学生時代にはまったく考えもしなかった道、しかし「一番自分らしい道」を進んでいます。

私は高校まではサッカーに没頭、大学ではアメリカンフットボールをやり、スポーツ三昧の学生時代を送っていました。

ちょうど進路に悩んでいた高校生のとき、知人の縁で冨田さんと話す機会があり、「好きなことが学べるよ」とＳＦＣを勧められ、環境情報学部に入学しました。

高校時代まではスポーツ優先の生活だったので、大学ではスポーツに熱中する代わりに、勉強に熱中するのもおもしろいかもと、モチベーション高くＳＦＣに入学したはずでした。ところが、スポーツ以外では特に「好きなこと」も見つけられず、大学時代は中途半端に流れていってしまいました。

卒業後は、「社会人になったら、何か大きなことをしたい。それなら商社かディベロッパーだ」と、最初に内定をもらった大手不動産に就職。仕事は楽しく、ディベロッパーとしてショッピングセンターの開発に携わり全国を飛び回るなどして、エキサイティングな仕事に熱中するようになりました。最前線で活躍している自負もありました。

ところがやがて「自分は、誰を幸せにしているのか?」という疑問が頭をもたげるようになったのです。

いつ誰が決めたかもわからないルールの中で、勝った負けたと言っている。これって一体、誰を幸せにするのかな、と。

そのままディベロッパー事業に携わっていれば、飽和状態の国内ではなく、ニーズの高いアジアやアフリカなどで商業施設の開発に携わるビッグチャンスもあったはずですが、それにも違和感を覚えるようになりました。

日本は少子高齢化や地域の過疎化、環境問題など、まだどの先進国も直面していないレベルの問題を抱えた課題先進国です。その課題に向き合わずに、今度は単に儲かりそうな途上国に進出する。それは本当にいいことなのか、と。

商業施設の開発は、もしかしたらその地域の課題解決につながるのかもしれませんが、当時の私にはあまりピンとこなくて、サステナブルではないと感じていました。

そこで初めて「自分の人生とは何だろう」「自分は何のために生きるのだろうか」と、深く考えるようになり、「ゼロからやり直したい」と思うまでになりました。

そうなると、自分を殺して仕事するしかありません。とはいえ、「では、自分が生涯をかけてやりたいことは何か」はよくわからない。

悶々と過ごしていたある日、冨田さんに再会したことが大きな転換点になりました。

「鶴岡ではこんなことが起こっている。これからおもしろくなるよ」と、鶴岡の様子を紹介されたのです。

ただ、そのときはまさか、自分が鶴岡に移住して起業するなんて思っていませんでした。

「ここだったら何かできる」と直感

その後、友人に鶴岡の話をしたら、その友人がSpiber社に興味を持ち、「紹介してほしい」というので、付き合いで出かけたのが最初の鶴岡訪問です。二〇一三年の秋でした。

ところが、運命とは不思議なものです。私は初対面の関山さんと、友人そっちのけで話が盛り上がり、深夜までお酒を飲みながらいろんなことを語り合いました。

人は何のために生きるのか。

そんな人生論、人生観をとことんまで話し込み、ものすごく意気投合したのです。

「どうお金儲けをするかというより、どう社会に対して価値を生むか」

その視点がまったく一緒で、「ここだったら何かできる」と直感し、半年後、会社を辞めて、Spiber社に入社しました。

文系の私がバイオベンチャーで何ができるかわかりませんでしたが、地方都市というロケーションに魅力を感じましたし、「社会的に価値を生む事業にチャレンジできるかも」というワクワク感もありました。

妻子とともに鶴岡に移住することに決めたときには、双方の両親から大反対されましたが、それを押し切りました。

しばらくSpiber社で事業開発を担当していましたが、まもなく転機が訪れます。

鶴岡サイエンスパークの敷地内で手つかずの広い敷地があり、この土地をどうするかという問題が持ち上がっていたんです。行政が税金を投入することには賛否両論があり、民間主導で開発できないかとなりました。

当時、移住してきた先端生命科学研究所の研究者らの子どもを預けられる施設や、ゲストが来たときに宿泊できる施設を望む声があったので、そうした用途の施設をつくる案が浮かびましたが、具体的に進めるための主体が不在だったのです。

そこで手を挙げたのが私です。ディベロッパー開発を手がけてきた経験も活かせると思いました。

こうして期せずして会社を立ち上げることになったわけですが、資本金はわずか一〇万円でした。

そんな状況下で冨田さんは私にこう求めました。

「ワクワクする、エキサイティングなホテルを作ってね。頼むから、ふつうのホテルなんて作らないでよ」

冨田さんによると、その理由はこうです。鶴岡は今後、研究者が集まり、サイエンスで盛り上がってくる。欧米の先進国の大学が、郊外や地方都市で活性化しているように。そうなったとき、このサイエンスパークで重要なのは、研究者が快適に研究できる環境を整備するのはもちろんだが、多くの場合、家族と一緒に移住することになるので、家族が「ここなら住んでもいい」と思うような街にすること。

家族から「こんなところに住みたくない」と言われたとしたら、そこがネックになって、鶴岡での研究をあきらめざるを得ない人も出てくるかもしれない。そして家族での移住を考えている場合は、必ず事前に家族で鶴岡まで下見に来るので、そのときに〝カッコイイ場〟となっていれば、「ここ、いいじゃない！」と移住に前向きになるはずだ。

つまり、研究室と研究者をワクワクさせるだけではなく、家族もワクワクさせる場にならねばならない。まずは、核となるような、地域の人も、外から来る人も利用できる宿泊施設が必要だ——。

この言葉を受けて、私は、研究者が移住先に求める鶴岡のエキサイティングな環境は、旅行者が求める要素と同じだと考えました。

すなわち、田んぼの原風景や自然環境といった共生の世界観です。東京のような街をつくるのではなく、この地域ならではの自然環境を生かして、ローカルな場所をおもしろがるようにデザインしようと思ったのです。

そうすれば、研究者が喜ぶような施設にもなるし、研究に関わらない人たちでもこの場所をおもしろいと思ってくれる。そんなエキサイティングな街づくりをしよう、と。

そもそもサイエンスパークに来る人というのはそれほど多くありません。だったらホテルそのものを目的地化して——つまり、「このホテルに泊まりたい！」と思うような、ホテル自体に価値をつけて、世界中から宿泊客が来るようにしよう。そんなホテルを目指すことにしました。

自分が最も価値を生み出せる場所

こうして二〇一六年にホテル開発に着手し、その翌年には子育て施設「ＫＩＤＳ　ＤＯＭＥ　ＳＯＲＡＩ」を着工しました。庄内藩校「致道館」で取り入れられていた「徂徠学《そらいがく》」が施設名の由来となっています。一人一人の天性に応じその才能を伸ばす「徂徠学」にならう形で、施設内は巨大な屋内型遊戯施設「アソビバ」と、さまざまな素材や道具を使ってアートやものづくりができるアトリエ「ツクルバ」の大きく二つのスペースを用意しました。二〇二〇年にはこの施設内に学童クラブも開所し、地域の子育て世帯に喜ばれています。

しかしながら当初は、「あんなのをつくるなんて頭がおかしい」、「つくったとしても、ホテルにも子育て施設にも誰も来るわけないよ」など、否定的な声も少なくありませんでした。

そうした声も耳にしながら、私が移住してきて感じたのは「地方の陰の部分もしっかり受け止めて乗り越えていかないと、光は当たらない」ということです。現在に至るまでには、本当にいろいろなことがありました。それでも放り出さずに「ここでやっていこう」と肝を据えられたのは、自分自身が最も価値を生み出せる場所が「ここだ」と思えたから。「他にはない街づくりをここでやろう」と思いこめたからです。

私自身、鶴岡に来て成長したというか、やんちゃな社会人から、人間的に大人になったと感じています。自分のタイプがわかってきて、自分が社会に対してできることがクリアになってきました。

私の使命は、地球の課題解決につながる事業を作ること。といってもマクロ的なアプローチではなく、ローカルな課題を解決できるローカルなビジネスをつくっていくことです。

そして、それを社会全体に広げていく。日本のモデルとなるような挑戦を、ここ庄内で、とことんしていく。それが、社会が自分に対して求めていることだと思うようになりました。

これからも地方都市の課題を希望に変える、様々なチャレンジを考えています。やればできる。そんなことを示していきたいと思っています。

おわりに

一度しかない自分の人生をどうしたいか。それはあなたが決めることです。他人に迷惑をかけず法律に違反しない限り、あなたの好きなようにできるのです。

自分に与えられた約九〇年という時間をどう使うのか、どう使いたいのか、どう使うべきなのか。ときおり考えてみるとよいでしょう。その最初の質問は、「自分の好きなことは何か」。それは親も先生も教えてくれません。「自分の好きな食べ物は何か」という質問と同じですね。それはあなたが決めることです。

本書では、私が好きなことに熱中することで、人生の節目でギアチェンジしてきた様々なエピソードを紹介しました。自分で執筆しておいてこう言うのも何ですが、あらためて振り返ってみると、これまでの私の人生は、やりたいことを思い通りにやって突き進んできたとてもおもしろい人生だったな、と感じます。

人生を決める最も大きな要素は「運」です。幸福な人は運の良い人で、運が悪ければ不幸になります。

そう考えてみると、私はとても運の良い人間です。まず、日本に生まれた時点で、とてもラッキーだったといえるでしょう。現代の日本においては、餓死することはほぼありませんし、爆弾が飛んでくることも、今のところほぼありません。しかし、生まれた国が違っていれば、あるいは生まれた時代が違っていれば、生きていくことで精いっぱいだったかもしれません。水と食物を確保することで一日が終わり、病気にならないことをただただ祈るのみの人生だったかもしれません。現在でも世界を広く見渡せば、学校に行きたくても行けない子どもたちが大勢います。学校の勉強はつまらない、とか言うのは贅沢な悩みかもしれませんね。

私が日本で生まれたことは、たまたま運が良かっただけです。自力で頑張って日本に生まれてきたわけではありません。同様に、私は家庭環境と教育環境にかなり恵まれたと思っていますが、それも自分でつかみ取ったものではなく、運が良かっただけです。大学には付属校から進学したので、受験勉強をしなくてよかったことも、私にとってはとてつもなくラッキーでした。インベーダーゲームに出会わなければ今の私はないと思いますし、「この人に出会ってなければいまの私はない」というキーパーソンも何人もいますが、そんな偶然の出会いの積み重ねがあったのも、運が良かったからです。私の人生で今まで大きな病気や怪我や災害もなくやってこられたのも、運が良かったからです。こう考えてみると、こうして書籍を執筆している私の人生は、相当運が良かったおかげといえます。

たまたま運が良かった人は、たまたま運が悪かった人たちを含む社会全体に対して、何らかの貢献をする使命があると私は考えています。自分に運よく与えられた約九〇年という人生を、自分のためだけに使うのではなく、世の中のためにどう使うべきか。その使命感を持って行動することが結局は自分にとっても幸せな人生につながると思います。「それって自己満足なのでは？」と聞かれれば、その通りでしょう、と私は答えます。社会貢献によって満足感や達成感が得られるのはヒトという生物の本能だと思うからです。

一方、私自身も今後いつ何時、不運な事故や災害や大病によってピンチに陥るかもわかりません。もし私がピンチな状況に陥ったとしたら、そのときはひたすら自分と家族のことだけを考えて行動します。物事には優先順位があり、社会の幸福より自分の幸福の方が重要だからです。

もしあなたが、社会的、経済的あるいは医学的にピンチな状況に陥って自分は不幸だと感じたとしたら、まずは自分のことだけを考えて、不幸から脱出することに全集中すべきです。そしてそのこと自体が社会貢献にもなるのです。社会から不幸な人をひとり減らすことになりますからね。
「ピンチ」はあなたが何もしなくても一方的にやってくることがありますが、「チャンス」はあなたが行動を起こさないと掴むことはできません。あなたが他の人より抜きん出ている何かの能力を見つけたならば、それはチャンスです。人生の岐路となり得る機会に遭遇したとき、それはチャンスかもしれないし、チャンスではないかもしれません。新しい何かに挑戦したい、という情熱がふつふつと湧き出たとき、それはチャンスかもしれないし、チャンスではないかもしれません。

これらチャンスを活かすも見送るもあなた次第です。チャンスはいつ何時やってくるかわからないので、常に心の準備をしておくこと。そしてチャンスボールが来たら全力で振りぬくこと。仮に空振りしても見逃すよりマシだと私は思います。

もちろん私自身も、残りの人生でチャンスボールが来たら、うっかり見逃すことなく全力で振りぬくつもりです。本書を執筆する機会を与えていただいたことも、私にとってかけがえのないチャンスでした。読者の皆さんにこうして私の想いを伝えることができたことは、とても運が良かったと思います。最後まで読んでいただきありがとうございました。

著者略歴

１９５７年生まれ。慶應義塾大学名誉教授。同大学工学部卒業後カーネギーメロン大学に留学し、コンピュータ科学部で博士課程修了。１９９０年、慶應義塾大学湘南藤沢キャンパス（ＳＦＣ）の創設メンバーとして帰国し、環境情報学部教授と学部長を歴任。日本初のＡＯ入試の導入に関わった。２００１年、同大学先端生命科学研究所の創設とともに所長に就任、２０２３年３月に退任。著書に『みんなで考えるＡＩとバイオテクノロジーの未来社会』など。

ハヤカワ新書　007

脱優等生《だつゆうとうせい》のススメ

二〇二三年七月二十日　初版印刷
二〇二三年七月二十五日　初版発行

著者　冨田《とみた》勝《まさる》
発行者　早川　浩
印刷所　株式会社亨有堂印刷所
製本所　株式会社フォーネット社
発行所　株式会社　早川書房
東京都千代田区神田多町二ノ二
電話　〇三‐三二五二‐三一一一
振替　〇〇一六〇‐三‐四七七九九
https://www.hayakawa-online.co.jp

ISBN978-4-15-340007-8 C0237

Printed and bound in Japan

定価はカバーに表示してあります

乱丁・落丁本は小社制作部宛お送り下さい。
送料小社負担にてお取りかえいたします。

「ハヤカワ新書」創刊のことば

誰しも、多かれ少なかれ好奇心と疑心を持っている。

そして、その先に在る納得が行く答えを見つけようとするのも人間の常である。それには書物を繙いて確かめるのが堅実といえよう。インターネットが普及して久しいが、紙に印字された言葉の持つ深遠さは私たちの頭脳を活性して、かつ気持ちに余裕を持たせてくれる。

「ハヤカワ新書」は、切れ味鋭い執筆者が政治、経済、教育、医学、芸術、歴史をはじめとする各分野の森羅万象を的確に捉え、生きた知識をより豊かにする読み物である。

早川 浩

馴染み知らずの物語

滝沢カレン

お馴染みのあの名作が
「馴染み知らず」の物語に変身

ある朝、目が覚めたら自分がベッドになっていた――!?

カフカの『変身』やカズオ・イシグロの『わたしを離さないで』など、古今東西の名作のタイトルをヒントに滝沢カレンさんが新しい物語をつむぎます。オリジナルを知っている人も知らない人も楽しめる一冊

ハヤカワ新書
003

教育虐待

――子供を壊す「教育熱心」な親たち

石井光太

子供部屋で何が起きているのか

教育虐待とは、教育の名のもとに行われる違法な虐待行為だ。それは子供の脳と心をいかに傷つけるのか。受験競争の本格化から大学全入時代の今に至るまでゆがんだ教育熱はどのように生じ、医学部9浪母親殺害事件などの悲劇を生んだのか。親子のあり方を問う。

ハヤカワ新書

005